识人的智慧

[英] **丽塔·卡特** ◎ 著　　**梁金柱** ◎ 译
（Rita Carter）

READ PEOPLE

Understand behaviour. Expertly communicate

中国科学技术出版社

·北　京·

Read People: Understand behaviour. Expertly communicate by Rita Carter/ISBN:978-1781319734.

Copyright© 2018 Quarto Publishing plc. Text © 2018 Rita Carter.

First published in 2018 by Aurum Press,an imprint of The Quarto Group.

Simplified Chinese translation copyright 2022 by China Science and Technology Press Co., Ltd.

北京市版权局著作权合同登记　图字：01-2022-3423。

图书在版编目（CIP）数据

识人的智慧 /（英）丽塔·卡特著；梁金柱译 . —北京：中国科学技术出版社，2023.2

书名原文：Read People: Understand behaviour. Expertly communicate

ISBN 978-7-5046-9627-4

Ⅰ . ①识… Ⅱ . ①丽… ②梁… Ⅲ . ①人才管理学—通俗读物 Ⅳ . ① C962-49

中国版本图书馆 CIP 数据核字（2022）第 093885 号

策划编辑	赵　嵘	
责任编辑	杜凡如	
版式设计	蚂蚁设计	
封面设计	创研设	
责任校对	张晓莉	
责任印制	李晓霖	

出　　版	中国科学技术出版社	
发　　行	中国科学技术出版社有限公司发行部	
地　　址	北京市海淀区中关村南大街 16 号	
邮　　编	100081	
发行电话	010-62173865	
传　　真	010-62173081	
网　　址	http://www.cspbooks.com.cn	

开　　本	710mm×1 000mm　1/16	
字　　数	138 千字	
印　　张	9	
版　　次	2023 年 2 月第 1 版	
印　　次	2023 年 2 月第 1 次印刷	
印　　刷	北京华联印刷有限公司	
书　　号	ISBN 978-7-5046-9627-4 / C·200	
定　　价	59.00 元	

（凡购买本社图书，如有缺页、倒页、脱页者，本社发行部负责调换）

阅读指南

本书分为5个章节，共20节课，涵盖了当下行为心理学中最新和最热门的话题。

识人的智慧

每节课介绍了一个重要的概念。

识人的智慧

解释如何将学到的东西应用到日常生活中。

在阅读本书的过程中，工具包能帮助你记录已学内容。

特别策划的"参考阅读"模块为你提供正确的指引，帮助你了解那些最能吸引你想象力的东西。

识人的智慧

通过阅读本书，你既可以获得知识，也可以明确人生方向。你可以用自己喜欢的方式阅读本书，或循序渐进，或跳跃性阅读。请开启你的阅读思考之旅吧。

目　录

引 言

了解一个人有点像阅读一本书，偶尔会碰到看不懂的外语。大多数时候，我们认为（或自以为）能够在与人交往的过程中清楚地认识对方。我们相信人们总是心口如一，言而有信。然而，出于一些明显无法解释的原因，他们有时并没有做到表里如一。这种行为既令人费解，又令人恼火，还常常让人感到很受伤。

这些沟通中的障碍，有些是因为有人存心欺骗，但更多的时候，是因为人们并不清楚自己内心的想法或行为的动机。这时，精通另一种"语言"就很有用了——通过身体动作、面部表情，以及有时候看似非理性的行为所传达出来的"语言"。

本书是对这种"语言"的介绍，通过解读人们的身体特征所透露出来的生活经历，分析他们的面部表情、手势和肢体语言，以揭示人们的真实感受和意图。此外，本书还阐明了人们奇怪而复杂的行为方式背后的心理和生理机制。

这些机制大多数是无意识的。事实上，大部分时候人们的日常行为和所思所想都是无意识的。大多数人都有过这样的经历，我们可以在无意识的状态下完成一些相当复杂的事情——开车回家或哼唱一首熟悉的歌曲。最新研究表明，人们在无意识状态下也能够形成复杂和长期的计划，并且在毫不知情的情况下将这些计划付诸行动。在一项研究中，参与者需要玩一个冗长而复杂的互动游戏，在游戏开始之前，有一组参与者被暗示了游戏需要合作完成。随后他们所采取的策略与一组有着明确合作意识的参与者相似。相比之下，另一组既没有被暗示也没有被明确告知合作策略的参与者，则自始至终都在相互竞争。

同样地，因为某人碰巧进入了我们"心理档案系统"中的某个特定位置，从而导致我们无意识地对其做出一些假设，这些无意识的假设对行为的影响也远远超出了我们的认知。区分朋友和敌人的能力帮助早期人类存活下来，我们甚至在尚不知道自己是否曾经见过对方之前就已经对他们做出了判断。通过研究这一切背后的原因和方式，我们就可以学习使用这种技能而不至于滥用它。当人们聚集，成为一个群体或人群时，特别是在蜂群心理或暴民心理占主导地位的极端情况下，这些经验变得更加重要。

本书并不是要对人类的行为进行全面的解释（这几乎是一项不可能完成的任务），而是提供一系列方法，帮助你理解自己的行为和看懂别人的行为。我们必须看清别人，随着人与人的交流变得越来越快，这些方法比以往任何时候都显得更加重要。

因为某人碰巧进入了我们"心理档案系统"中的某个特定位置，从而导致我们无意识地对其做出一些假设，这些无意识的假设对行为的影响也远远超出了我们的认知。

你已经具
阅读表情
它就在你

备了
的能力，
的大脑中。

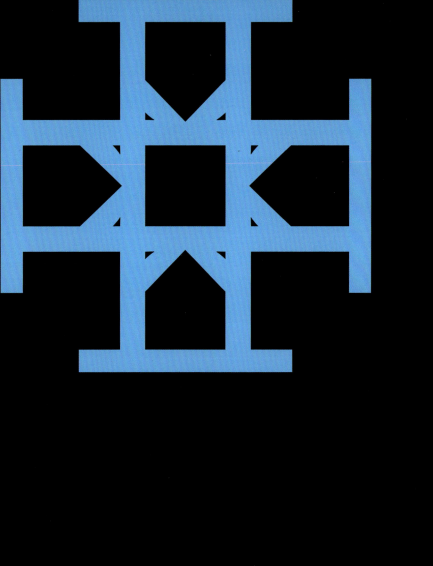

第1章

面对面沟通

第1课　第一印象

0.1秒能让你了解一个人的哪些信息。

第2课　脸型透露了什么信息

与强势和狡诈有关的脸型。

第3课　一切尽在眼眸中

眼睛是心灵的窗户，让你看清人们的想法。

第4课　信号

表情如何出卖了你。

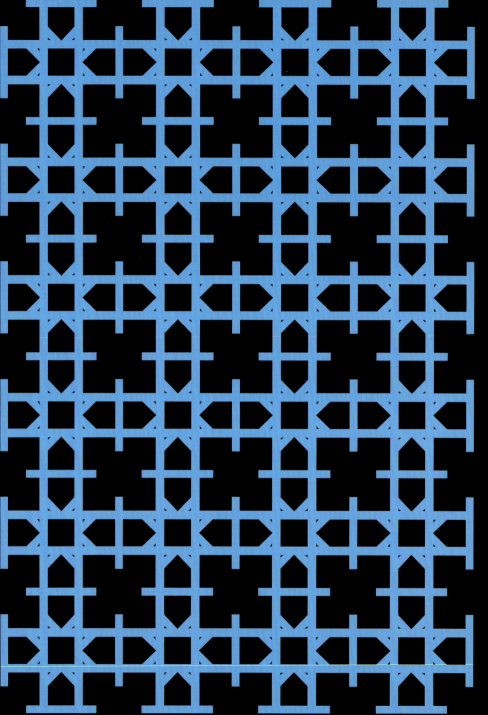

对于那些可能影响我们的人，我们需要仔细观察他们的脸，以了解他们的想法和感受。

对人类来说，人类的脸是世界上最有趣的东西。和言行比起来，人的脸能让我们更清楚而真实地了解一个人。因此，对于那些可能影响我们的人，我们需要仔细观察他们的脸，以了解他们的想法和感受。

了解如何读懂他人对我们来说是至关重要的，因为我们生活在一个人与人紧密联系的社会中。我们的许多行动都会受到他人的影响，"解读"人们的脸部信息使我们能够调整自己的行动，从而影响、取悦或者安抚他人。

面部表情——面部肌肉的有意识或无意识运动能够传递出最清楚的信号。这些信号与人的话语结合在一起是如此强大，以至于它们常常掩盖了面部结构本身所包含的更微妙的信息。我们可以凭直觉识别出这些信号，但却往往没有在意。

在本书的第一章中，我们将以类似于古生物学家研究化石的方式来观察人的面孔——从它的生理形态而不是从它的动作来推导行为。本章包含4节重要的课程。

如果你能准确识别出人们的面部信息，你便能在开始与他们交流之前，通过表情、语言或手势对他们的过去经历、个性特征和行为有一些了解。

第1课　第一印象

人类天生就具有识别面部信息的能力。这项技能非常重要，人类的大脑甚至已经进化出一个专门用于识别面部信息的认知系统，它的工作速度令人吃惊。在我们有意识地观察一个人之前，一个古老的、本能的认知系统就会根据他们脸部的形状、结构、比例和表情对他们做出复杂的判断。这个认知系统会首先判断这个人是讨人喜欢的还是令人讨厌的，然后判断他是否有能力，是否值得信赖，是否外向或是否强势。

当你遇到一个陌生人时，是否会有一种不信任或厌恶的感觉，哪怕对方是一个表现得无可挑剔的人？如果你没有这样的感觉，可能是因为你忽略了自己对他人的那些看似莫名其妙的直觉，更愿意集中精力以更理性

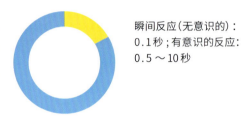

瞬间反应(无意识的)：
0.1秒；有意识的反应：
0.5～10秒

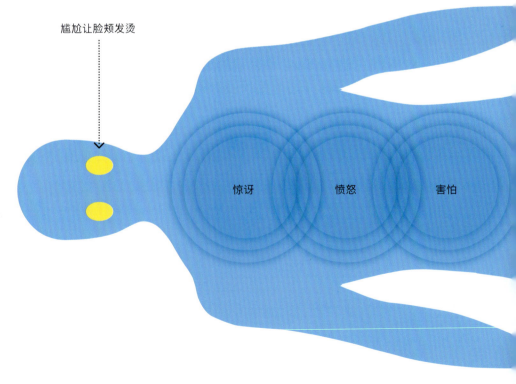

尴尬让脸颊发烫

惊讶　　　愤怒　　　害怕

的方式来判断他们。

　　人的直觉反应似乎不知因何而起，并不依赖于某种因素，也不能被评估或反复检查。直觉反应产生于一种我们无法理解的计算——我们甚至可能不知道这一计算过程的发生。因此，要去专门注意它们似乎没有什么意义。

　　但事实上，人们有非常充分的理由去关注直觉反应。事实证明，对人脸做出即时的、下意识的判断的能力对人类非常有用，以至于在进化过程中这种能力被编入了人类的基因。这种判断能力是我们区分朋友和敌人的主要工具，但是，就像我们大多数内在的防御措施一样，它是相当原始和粗糙的。尽管如此，我们的基因中却仍然保留着天生的面部信息识别能力，因为总体而言它是有效的。

　　面对一张陌生的面孔，你会在0.1秒内对其做出相当复杂的判断。你的大脑会判断这张脸的主人是否值得信赖、有吸引力、令人喜欢、有能力，是争强好胜还是安分守己。所有这一切都是在你意识到你看见他之前发生的。当这张脸在你的视野中停留了足够长的时间（0.5～10秒），使你能够做出有意识的判断时，你最初的判断也不太可能发生重大变化。唯一的区别是，你会更坚定自己的

焦虑让双手颤抖

不祥的预感让双膝发软

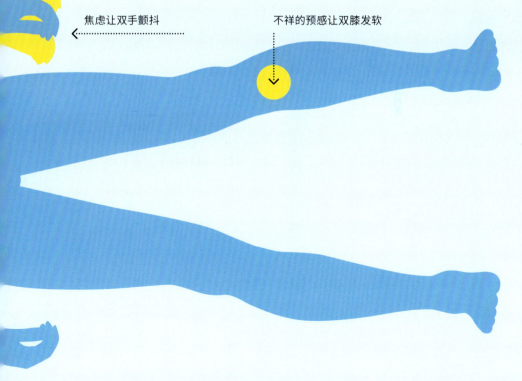

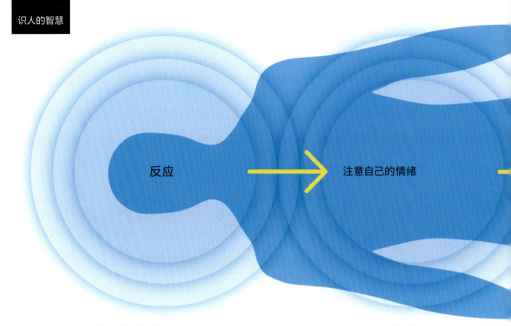

反应　　→　　注意自己的情绪

判断。第一印象的形成不仅快速，而且持久。直觉反应有时会表现为"肠道反应"，因为我们的消化道有大量的神经组织，会对情绪性事件产生强烈的反应。人体的各个部位都可以感受到情绪，例如，尴尬会让人感到"脸颊发烫"，不祥的预感会让人"双膝发软"，焦虑会让双手不停颤抖，通常恐惧会让人在下腹部的位置觉察到不适，而愤怒的感受则出现在胃部或胃上方更高的位置。

快速判断

对许多人来说，快速做出判断总让人感觉哪里不对劲。我们对一个人的最初感觉往往是转瞬即逝的，而且很容易被随后接收到的大量信息所淹没。我们可能没有注意到这其间夹杂着的一丝恐惧或吸引，或者，如果我们注意到了，也可能会因为觉得不重要而忽略了这样的感觉。这是错误的，而且许多人经常犯这样的错误。

事实上，我们瞬间做出的判断很可能与熟悉这个人之后所做出的判断相同。

你不必知道大脑是如何进行面部信息识别的，因为即便如此，也可以让它为你所用。当你初识一个人时，可以通过注意自己与对方的感觉和行为来提升你与生俱来的面部信息识别能力。

首先，熟悉自己的情绪。从关注情绪引发的生理变化开始，例如紧张引发的胃部不适或不自觉的皱眉。情绪化的想法只是情绪的投射，其核心是身体状态的改变。

接下来，识别情绪并记住它。不要只局限于明显的情绪，如喜悦、愤怒、恐惧

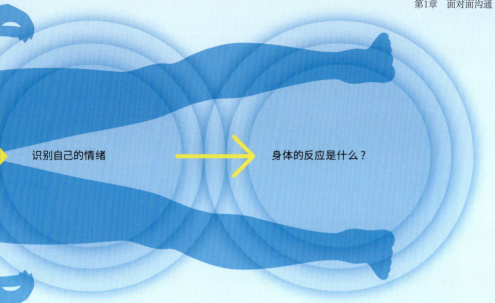

识别自己的情绪　　→　　身体的反应是什么？

等，也要识别混合的情绪，例如在游乐场玩刺激项目前恐惧和兴奋的交织，或者回忆往事时夹杂着悲伤和甜蜜的复杂情绪。一旦你确定了自己的情绪，仔细检查一下它对你的身体产生了什么影响。

虽然情绪会让人产生一些典型的身体反应，但每个人的身体反应又略有不同，所以要学会识别自己的反应。当我感到恐惧时，我会感到我的颧骨下方有两个部位发冷。我的一个朋友说她在感到恐惧时上臂会有反应。

现在仔细检查一下你的身体有哪些与众不同的反应。有些人非常敏感，而另一些人则过于轻信。而人生经历，例如曾被有特定脸型的人虐待，可以改变一个人对这种脸型的反应，甚至会形成一种下意识的反应。

因此，你不只应该始终注意自己的反应，还应该将这些独特的反应作为考虑的因素：如果你知道自己在见到陌生人时会习惯性地感到恐惧，那么就试着稍微改变你的本能反应。

在一项研究中，研究人员要求志愿者根据老师两秒钟的谈话片段来判断他的能力。他们的快速判断与那些听了整个学期课程的学生的判断基本一致。同一项研究也发现，志愿者只要看一眼公司老板的照片，就能对他们的领导能力做出惊人的准确评估。

第2课 脸型透露了什么信息

仅仅通过观察一个人的脸，你就可以对此人有个大致的了解，即使他们并没有什么露出特别的表情。仅凭一张罪犯的照片，就可以发现其身上的支配型人格、责任心、社交能力、智力甚至犯罪行为——这在大多数情况下是准确的。我们会在不知不觉中解读他人的面部信息，最近的科学研究发现了大脑能够感知到的一些生理特征——头部和面部特征的结构、形状和比例的微小差异。

自古以来人们都相信"相由心生"的说法。古希腊哲学家甚至就人的面相和"精神"之间的关系著书立说。这本专著中提到，眼大而有神，眼睑充血的人多"厚颜无耻"。同时，宽大的鼻子被描述为懒惰的标志。

但是，没有丝毫证据可以证明厚颜无耻与充血的眼睑之间，宽大的鼻子与懒惰之间有任何联系。但是在漫长的、有时充满疑窦的面相学历史中，事实和谬论总是结伴而行。

近年来，一些科学家重新审视了从身体线索中探寻人格特征的可能性。其中有一个能揭示个性的面部特征得到了证实，这确

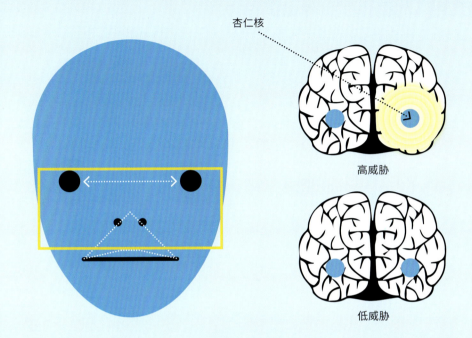

杏仁核

高威胁

低威胁

实也很好理解：颧骨较大、脸部较宽的人总体上比脸部较窄的人更具支配性、攻击性，更不诚实。

测量脸部宽长比的方法很简单：从眼睑的最高点测量脸部的宽度，然后测量这条线到上唇顶部的垂直长度。宽长比超过1∶9则为高比率。只不过，我们不必真的拿出卷尺来测量我们遇到的人——我们凭直觉就可以识别这一面部结构。

宽脸在男性中占比更高，因为宽脸的形成主要受到睾丸激素的影响，这种激素在男性身体中水平较高。从出生前到整个成熟期，睾丸激素都会影响人的大脑和身体。在大脑中，它刺激杏仁核的一部分，杏仁核是大脑的情绪发生器，对威胁产生攻击性反应。睾丸激素还会抑制杏仁核和大脑"思维"区域之间的联系，降低一个人控制其内驱力、冲动和情绪的能力。在面部，睾丸激素会促进颧骨和下巴的生长发育。

代表领导力和欺骗的脸型

宽脸和特定类型的行为之间的相关性已经被反复证明。在一项研究中，不同宽度脸型的男子被邀请来假扮房地产销售员，转让一块被禁止开发的土地。同时，一群假扮的买家被要求只能购买可以开发的土地，然后根据卖家误导买家的程度来衡量他们的诚实度。结果，那些脸部宽大的人更有可能为了能卖出土地而撒谎。

其他研究发现了类似证据，证明宽脸男性具有更多的反社会行为，但同时宽脸男性也拥有一些大的优势。宽脸的运动员比其他人犯规更多，但也能赢得更多的进球。

与男性相比，女性脸型的情况更为复杂。虽然宽脸的女性被认为是有领导才能的表现，但最近的研究表明，与宽脸正好相反的女性脸型——长脸和心形脸——同样被认为是可能有领导才能的表现。研究人员在一系列研究的基础上得出了这一结论。其中一项研究要求志愿者将一些以竞争为主题的句子，如"按她的方式来做事，否则你就退出"，以及"他对别人有一定程度上的尊重，但主要还是认为自己是正确的"，与经过电脑处理以突出或减少面部性别特征的男性和女性图像相匹配。超过50%的参与者将诸如"周围的人都怕她"或"她是唯一的老板"这样的描述与同一女性形象联系起来，虽然该女性形象有男性气质高低两个不同版本。对于男性形象，64%的参与者将"同事们认为他很有干劲"这一说法与高男性气质相关联，只有33%的参与者将其与低男性气质相关联；而"不能容忍别人试图表现得比他更聪明或更有智慧"这一说法与高男性气质的关联度为63%，与低男性气质的关联度为27%。

研究人员之一，剑桥大学的约亨·门格斯（Jochen Menges）解释说："我们的研究挑战了性别理论，该理论称具有女性面部特征的女性与群体行为和养育有关——女性气质更明显的女性比过去认为的更有机会被视为领导者。"

有一些证据表明，我们可以通过面部表情来掩盖静态面部结构所发出的性格信号。因此，如果仅仅根据面部特征来判断一个人，我们就很容易被欺骗。面相学是一个新的领域，研究尚不全面，结论也很复杂。面部结构作为一种解读人的方式具有一定的可信性，但许多因素——如教育、智力和父母的影响——可以抵消面部所显示的"自然"人格特征。根据一个人的长相而对其性格做出结论，我们应该对此持谨慎态度，历史已经反复证明了这一点。

脸部宽度大于长度的男性更可能拥有雄心壮志并当选为领导人。宽脸的候选人比窄脸的对手更有可能赢得选举；而具有更高脸部长宽比的商界人士则通常会想要谋求更好的交易和赚更多的钱。

无数研究

人们对对

更加偏爱。

表明，
称的面部

第3课　一切尽在眼眸中

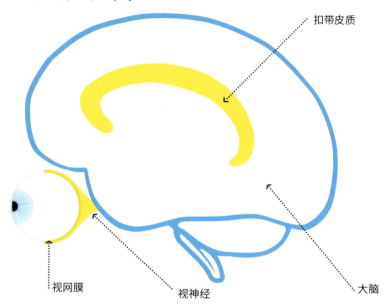

扣带皮质

视网膜

视神经

大脑

当你凝视一个人的眼睛时，就好像是在看着他的大脑。眼球是两个神经组织突起的外侧部分，神经组织形成一条通路，通向头部后面的脑区。这种说法虽然听起来不怎么浪漫，但它解释了为什么我们自己的眼睛会被别人的眼睛强烈吸引，以及为什么眼神的接触会让人感觉如此强烈。当我们从某人的眼睛里看到某种变化时，我们看到的是他们大脑的运动——没有任何掩饰的可能。

人们可能没有意识到，但是，在注视别人眼睛的时候，我们其实会仔细观察它们的细微变化——主要是瞳孔大小和眼睛注视的方向，以及眼睛周围面部肌肉的变化。这些都是人们发出的一些重要信号，我们将在下一章中详细解读它们。

本节课将介绍一个不为太多人所知的现象——行为与眼睛的颜色、结构和其他静态特征之间的联系。

眼睛的结构与组成是由基因决定的，基因也决定了大脑其他部分的结构。一个例子是 Pax-6 基因，它（和别的物质一起）有助于虹膜和大脑扣带皮质组织的发育。扣带皮质是大脑的一个重要组成部分，因为它在大脑边缘系统（情绪产生的地方）和额叶

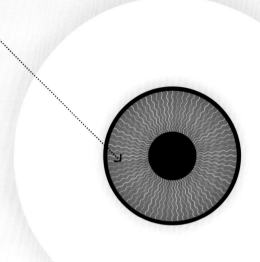

皮质（调节情绪并做出理性反应的地方）之间起到某种缓冲作用。扣带皮质的发育情况决定了人类在靠近周围物体时的行为——对于在环境中遇到的东西，是倾向于抓住和追求，还是躲避或逃离。

密集的左侧扣带组织会促进接近导向的行为——也就是说，人们将倾向于与他人接触，与他们产生共情、信任，并通常会喜欢他们。而左侧扣带组织发育不良会抑制接近导向的行为，引发冲动的"战斗或逃跑"反应。

Pax-6突变对虹膜组织发育有类似的影响。虹膜中的低组织密度表现为以瞳孔为中心向外辐射出的弯弯曲曲的线条，称为"富克斯隐窝"（Fuchs' crypts）。瑞典厄勒布鲁大学（Örebro University）马茨·拉尔森（Mats Larsson）领导的研究小组对428名受试者进行了研究，发现有更多隐窝（与其他低组织密度的迹象）的人

与其他人相比更不容易表现出热情、外向和信任，而且更神经质。瑞典研究人员使用精密的实验室设备对受试者的隐窝进行计数，但是你可以通过观察某人的眼睛进行粗略的分析——高密度的虹膜是光滑和均匀的，而隐窝较多的虹膜有更多的阴影和花纹变化。

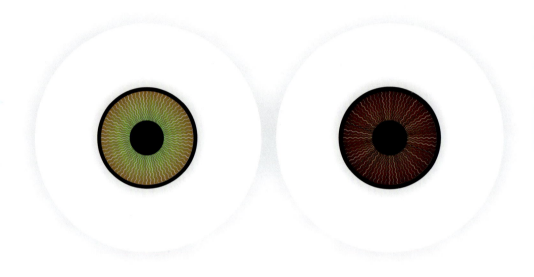

眼睛的颜色

眼睛、基因和大脑之间的联系被认为是眼睛颜色和行为之间存在关联的原因。眼睛颜色为深色是因为黑色素和产生黑色素的基因，这些基因在大脑中发挥作用，帮助建立绝缘鞘，使生物电信号得以从一个神经元传递到另一个神经元。良好的绝缘意味着处理信息更迅速和准确，并能将电信号的损失降到最低。这可能是深色眼睛和性格之间存在一系列关联的原因。

棕色或淡褐色的眼睛

匹兹堡大学（University of Pittsburgh）的研究人员发现，与蓝色眼睛的女性相比，棕色或淡褐色眼睛的女性在分娩时会感受到更强烈的疼痛，更有可能患上产后抑郁症或焦虑症。

深色的眼睛

其他研究发现，深色眼睛的人更容易受到酒精的影响。由于少量的酒精便能让他们受到影响，因此他们不大可能成为酗酒者。

深色眼睛的人反应更快，而且有证据表明他们的思维也比浅色眼睛的人快，虽然差距没有很大。

一项关于人们对眼睛颜色和行为的感知的研究发现，人们认为深色眼睛的人比浅色眼睛的人更强势。

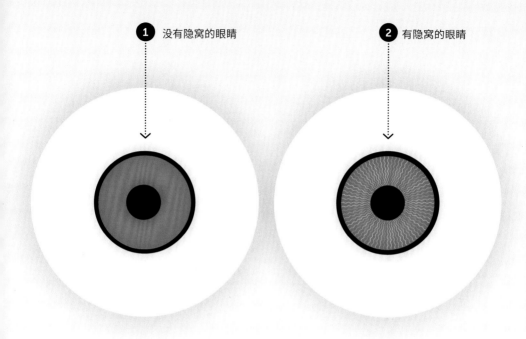

① 没有隐窝的眼睛

② 有隐窝的眼睛

　　尽管有证据和理由支持眼睛与行为之间的联系，但我们仍然要对此持谨慎态度。人的性格是由多种因素决定的，而其中大部分因素仍是未知的。

　　基因遗传无疑是一个重要因素，但环境可以扭曲甚至完全逆转一个人的"天生"性格。甚至在出生之前，环境就已经影响了我们的发育——只是因为双胞胎在母亲子宫的位置不同，同卵双胞胎在出生时就会有细微的差异。

　　（1）没有隐窝的眼睛。容易被他人吸引的人常常拥有这种光滑、同质的虹膜。

　　（2）隐窝表现为从瞳孔中放射出来的斜线和黑斑。不太信任别人和比较冲动的人的虹膜常有这种密集的隐窝形式。

第4课　信号

除了揭示某些天生的性格特征外，人们的脸还传递了关于生活方式、健康和行为的许多信息。这些信号是微妙的，要读懂它们，你需要看穿表情所传达的刻意信息，并暂时忽略人们的化妆品、发型、眼镜和其他"附属品"。反过来，你需要寻找生活在人们脸上留下的痕迹——有些是暂时的，有些是不可磨灭的。

无数的研究表明，人们更喜欢对称的面部，在选择配偶时尤其如此。最广为流行的解释是，对称的脸型是"良好基因"的体现——具有这种特征的人是好的配偶人选。

另一种解释是，面部不对称是由妊娠期或儿童期的疾病或损伤引起的。

爱丁堡大学（Edinburgh University）的研究人员研究了292名83岁的人的面部特征，将他们的面部对称性与他们童年时期的社会地位信息进行了比较，这些信息包括他们父母的职业和住房面积等。

研究人员研究了脸部的15个不同的"标志特征"，包括眼睛、鼻子、嘴和耳朵的位置，结果发现个人的成长经历和脸部的对称性之间有很大的关联。脸部对称的人比脸部不对称的人有着更被关爱和更轻松的成长经历，这种影响在男性中比女性更明显。有意思的是，长大后的生活经历对面部对称性没有影响。即使是那些成年后拥有健康和富裕生活的人，也仍然带有童年时缺乏关爱的痕迹。

脸部比较对称的人比脸部不对称的人有更被关爱和更轻松的成长经历。

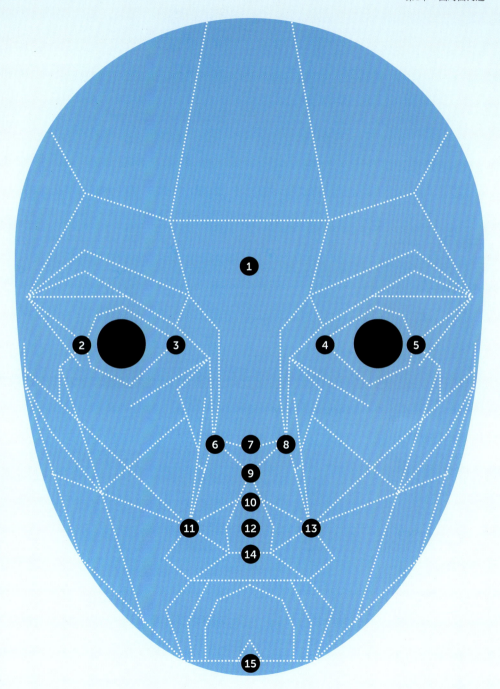

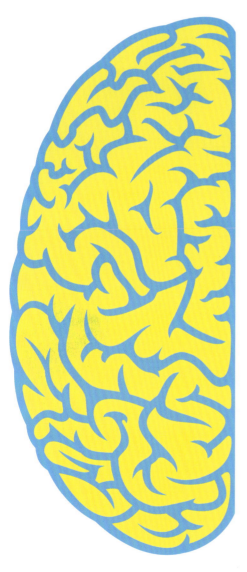

需要寻找的迹象

每个大脑半球都控制着身体相反一侧的运动，因此嘴巴左侧的肌肉由右脑控制，反之亦然。左右两个脑半球产生不同类型的行为。对于大多数人而言，这些差异是非常细微的，因为大脑两个半球的配合非常密切，它们向身体发送的信息是"一个整体"。

恐惧、退缩的行为由右脑产生，坚决的行动来自左脑。这些性格特征通过不同的肌肉运动显示在脸上。

1. 社交性

例如，"社交性"的微笑会在右脸表现得略微明显。

2. 内心冲突

内心冲突的人左、右脸之间可能表现出更大的差异。一个天生倾向于右脑行为但又经常要假装外向的人，很可能比真正外向的人有更不对称的笑容。久而久之，由于两侧的面部肌肉的活动不一致，这些差异会导致面部轮廓产生明显的变化。随着人们年龄的增长，这些不对称现象变得更加明显。人们发现，脸部对称的人通常更加外向和合群，而脸部不对称的人则更加神经质。

3. 年龄

人的年龄非常明显地写在他们的脸上，但是，和必然要出现的皱纹一样，脸的老化方式也会说明一个人的情况。2015年，中国科学院（Chinese Academy of Sciences）的研究人员使用电脑图像生成了300多人（17至77岁）的面部3D模型。他们使用这些模型来寻找特定面部特征和年龄之间的相关性。例如，他们发现老年人往往有更宽的鼻子和更倾斜的眼睛。根据这些标志，一些人的脸相对于他们的年龄来说显得"年轻"，任意两个年龄相同的人平均相差大约6个"脸岁"。

与实际年龄相比，面部年龄与健康的客观指标（如胆固醇水平）的相关性更强——这表明人们的生活方式确实写在脸上。

有一个方法可用于发现人脸上的微小不对称。拍摄一张人们正面的照片，用电脑绘图程序将其垂直分割，制作成左右两半的镜像，并将镜像与原件拼接起来，会生成两张完全对称的脸。

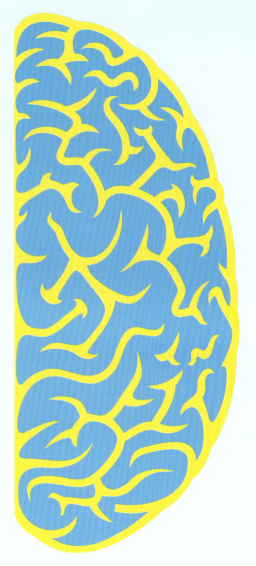

工具包

01

我们甚至在不知道曾经见过某人之前，就已经根据他的脸来评估他了！这种无意识的评估会产生一种"直觉反应"，这种反应往往是正确的。当你第一次见到某人时，你可以通过注意自己的感觉来收集这一有用的信号。

02

骨骼结构显示了睾丸激素在发育中的作用。宽大的颧骨和大下巴让人联想到男性特征的刻板印象，如支配和自信。

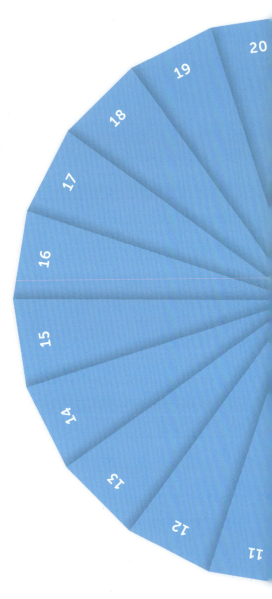

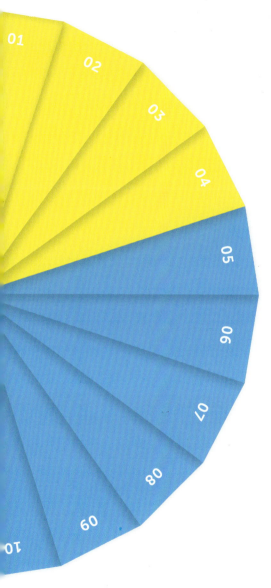

03

眼睛是大脑的延伸，也是人们大脑思维的清晰指标。情绪的变化会使瞳孔的大小产生相应的变化，而虹膜的颜色和形状可以表明特定的性格特征。

04

面部对称性特征说明了一个人的成长经历和性格。不对称的面部特征可能说明一个人童年时缺乏关爱，并可能是心理冲突的体现。尽管这些面部信息已得到科学验证，但它们很容易被环境因素所影响，因此应该谨慎对待。

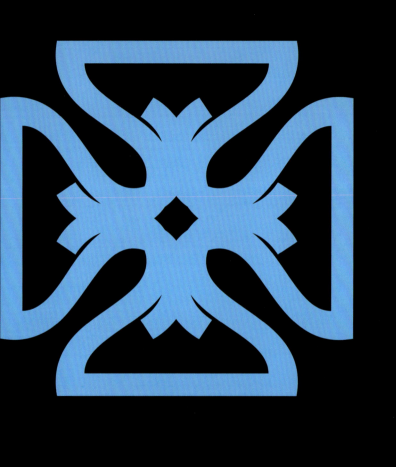

第2章

情绪和表情

故意发出的信号可能是骗人的——人们往往有充分的理由释放出关于自己的误导性信息(经过伪装的)。

人与人之间的沟通是双向的。就像你需要读懂别人，以便知道他们会如何对待你一样，他们也需要向你发出关于自己的特点、意图、情绪和个性的信号。

这种信号大多是故意发出的。一眼就能看出来的信息，如大笑、皱眉、夸张的姿势和显眼的衣着，都是为了向观察者传递信息。这些信息可能是非常诚实的，也就是说，它们传递的信息是真实的。微笑意味着一个人很高兴见到你，而精致的着装反映出一个人的性格是谨慎和敏锐的。但是故意发出的信号也可能是骗人的——人们往往有充分的理由释放出关于自己的误导性信息。

在这一章中，我们将研究那些能够传达人们的本来面目、他们的感受以及他们与我们的关系的视觉信号。我们将说明如何区分有意识的信号(可能是误导性的) 和无意识"透露"的信号(无法装出来的)。

第5课 "宏"表情

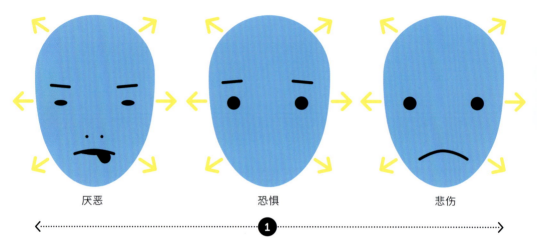

厌恶　　　　　　　　　恐惧　　　　　　　　　悲伤

1

查尔斯·达尔文（Charles Darwin）首先提出，面部表情是"与生俱来的"，因此在每种文化中都是相似的。这一观点得到了数百项科学研究的证明。尽管文化可能会塑造面部表情——例如关于礼貌的看法——但差别很小。表情对我们来说就像狗摇尾巴一样自然。

在人类多种文化和每个社会中，有六种传达相同信号的通用表情，分别是恐惧、快乐、厌恶、愤怒、悲伤和惊讶，这些都是基本情绪的外在表现。

每个人身上的这些表情都是相同（或非常相似）的，因为它们是情绪本身的一部分，除非你主动控制自己的面部表情。例如，当你踩到了一坨狗屎，你会自动皱起鼻子和眼睛；如果你突然感到惊讶，你一定会扬起眉毛，张大嘴巴。

为了理解为什么表情是通用的，你有必要了解关于情绪的一个令人惊讶的事实：情绪本质上不是感觉，情绪是身体的反应。这些身体进化出来的反应是为了引导我们趋向有助于生存的事物，远离可能会伤害我们的事物。

（1）厌恶、恐惧和悲伤都会促使我们远离引发这些情绪的事物。

（2）快乐和愤怒推动我们趋向引发它们的事物。

（3）惊讶是一种"冻结"反应，旨在让我们原地不动，直到获得更多的信息。

例如，如果你的大脑感觉到挑战或威胁——也许是注意到了灌木丛中的沙沙

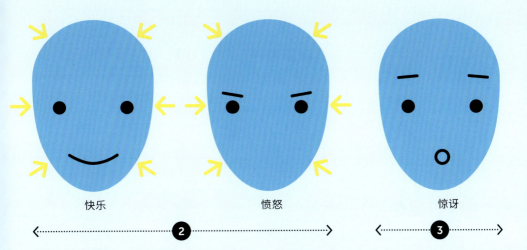

快乐	愤怒	惊讶
❷		❸

声——它会让你的血压升高、心跳加速，减少外周血流量，并为某些肌肉的运动做好准备。这些反应使身体准备好战斗或逃跑。恐惧情绪的核心由这些反应构成，而不由任何事后的感觉构成。

如果你不把表情当作"信号"，而把它们看作身体反应，它们就会变得更容易理解。例如，厌恶的表情包括紧闭嘴巴，皱起鼻子缩小鼻孔，这是为了防止有毒物质进入你的身体。惊讶会使你扬起眉毛并张大嘴巴，这些动作能增加感官信息的输入——因为你的眼睛睁得更大，你张大的嘴可以感觉到空气中的味道或气味分子。

你可能会认为先有了"感觉"，再出现面部表情——一种情绪的"锦上添花"。事实

并非如此，面部表情是情绪导致的身体变化之一，因此在情绪反应刚开始时就发生了。

身体反应产生于我们能够留意到外界刺激之前。所以才会有"捕捉微笑"这种说法。面对一张笑脸，我们开始回以微笑——

只有当产生情绪的深层无意识大脑区域向有意识的大脑皮层发出足够强的信号时，才会出现恐惧的感觉。当这种情况发生时，人们通常会"感觉到"自己的恐惧。一些人比较容易感觉到恐惧，而另一些人则需要更强的刺激来激活大脑皮层区域。紧张、谨慎的人可能属于第一类人，而那些喜欢危险运动和在战场上发挥出色的人可能属于第二类人。

甚至在我们还没意识到看到那张微笑的脸之前。

伪造我们的信号

"宏"表情可以在有意识的控制下装出来或压下去。学会分辨一种面部表情和另一种表情之间的区别，以及分辨一个表情是真心的还是违心的，是非常有用的技能，值得好好培养。

一旦情绪被"感觉到"了，我们的意识就会对其进行调节，要么放大（"啊，是老虎——我要死了！"）要么减弱（"不用担心——不过是风的沙沙声"）。有意识地改变情绪反应的某些部分，例如，控制心率可能相当困难，但面部肌肉很容易控制。我们的大脑会识别我们的表情，并做出反应，就像它们是发自真心的一样。因此，我们可以自欺，也可以欺人。

然而，要完全以假乱真是困难的，因为大多数表情需要用到不受意识控制的肌肉运动。经验丰富的演员会通过努力酝酿基本情绪的方式来解决虚假表情的问题，而不是仅仅装出这种情绪的外部特征。

以微笑为例，微笑时人的嘴唇会向后和向上运动，这是通过收缩肌肉产生的。此外，自发的微笑会引起眼睛周围小肌肉的收缩。脸颊的肌肉很容易有意识地收缩，但眼部的肌肉却更难控制——大约30％的人不能随意收缩它们。因此，我们可以通过眼部肌肉的收缩程度来识别"社交性的"或"发自内心的"微笑。

要区分假笑和真笑，请注意观察眼睛。眼部周围的肌肉很难控制，通常只有在人们真正感到高兴或舒心时才会收缩。

除了表明情绪外，面部表情还可以放大甚至创造一种情绪反应。在一个实验中，志愿者们被要求把铅笔含在嘴里并尝试用它写字。一组人用牙齿咬住铅笔，这姿势迫使他们微笑，而另一组人则用嘴唇含住铅笔，这姿势迫使他们皱眉。

志愿者们被告知他们在参与一个旨在帮助肢体残疾者的实验，但实际上这个实验是为了找出志愿者们被迫采取的面部表情是否会影响他们的情绪状态。实验结果证实了这一假设。当志愿者们被要求说出他们有多喜欢一组有趣的图像时，那些被强迫微笑的志愿者更喜欢这些图像。

第6课 "微"表情最能说明问题

人们除了做出明显的"宏"表情外，还会做出微小的、瞬间的、不易控制的面部动作，对此人们甚至可能毫不知情。这些"微观"和"微妙"的表情通常发生在人们试图掩饰他们的想法或感觉的时候。这种感觉可能会表现为一瞬间鼻孔的抽动或眉毛非常轻微的挑动。这些转瞬即逝的暗示很容易错过，但当你知道要寻找一些蛛丝马迹时，你可以学会识别和解读它们。

当人们经历了某种情绪并且不想掩饰它时，这种情绪通常会在脸上维持0.5～4秒的时间。"微"表情是这些"宏"表情幽灵般的影子，它们在脸上一闪而过，停留0.5秒左右，有时候微表情稍纵即逝，不容易被发现。另一方面，微妙的表情可能持续久一些，但它们非常不明显，极易错过。

1966年，心理学家欧内斯特·哈格德(Ernest Haggard)和肯尼思·艾萨克斯(Kenneth Isaacs)开始研究人们在面对心理治疗师时是否会提供有关其感受的非语言线索。他们录制了心理治疗过程的视频，然后用慢放回看，仔细观察每一帧图像以寻找微小的面部表情。他们发现，当病人试图抑制自己的感受(称为压抑)，或故意向治疗师隐瞒他们的感受(称为克制)时，就会出现细微的表情变化。

这激发了人们对转瞬即逝的表情进行进一步分析的兴趣。在一个著名的系列实验中，心理学家约翰·戈特曼(John Gottman)拍摄了已婚夫妇谈论他们关系的视频，然后逐帧研究他们的脸，关注最细微的表情。利用这些几乎难以察觉的数据，戈特曼以90%的准确率预测了哪对夫妇会离婚，以及何时离婚。

大约在同一时间，心理学家保罗·艾克曼(Paul Ekman)研究了一些被诊断为严重抑郁的人，这些人都隐瞒了自己的病情。在第一个案例中，当以慢放回看影片时，艾克曼和他的同事华莱士·弗里森(Wallace Friesen)标出了一些微表情，显示出病人试图隐藏的、强烈的负面情绪。保罗·艾克曼和他的同事随后又发现了微妙的表情。这些表情比一般的微表情持续的时间更长，但包含了非常轻微的、几乎无法察觉的面部肌肉变化。

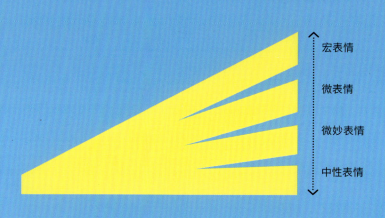

宏表情

微表情

微妙表情

中性表情

微妙表情的
强度约为宏表情
的 20%

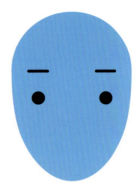

愉快的惊喜：眉毛的快速上扬和下降

如何识别谎言

艾克曼为了研究每一种类型的表情做了大量的工作，他已经开发了能识别表情并且可以根据速度和强度为表情打分的系统。他声称，几乎任何人都可以学会识别这些微小的迹象。他特别专注于识别一个人是否在撒谎。

识别某人是否在欺骗你显然是非常有用的，但这种能力并不简单，因为没有一个单一的表情——不论是微观的、微妙的还是宏观的——能表明人在说谎。相反，有一些面部表情表明了说话者感到压力、焦虑或不安——通常当一个人试图撒谎时就会出现这些感觉。重要的是要根据当时的情景，特别是要结合对方所说的内容，来解读这些迹象。

练习这种新技能的一个好方法是在网上找一个采访视频，前提是已知采访对象可能会焦虑或说谎。和政客有关的新闻报道是一个很好的选择。关掉声音，非常仔细地观察这个人的脸，不要在意"宏"表情，而是寻找细微或非常快速的肌肉运动，尤其是嘴巴和眼睛周围的肌肉运动。

反复播放你认为可以发现这些迹象的部分，直到你可以清楚地分辨它们，并理解你所看到的蛛丝马迹——是嘴角轻微下垂？还是眼睛下方肌肉的抽搐？鉴于微表情和微妙表情与宏表情的区别只在于持续时间和强度，你应该能够弄清楚这些微小的迹象表明了什么。现在把音量调大，仔细听一下当这些表情出现时对方在说什么。微表情闪现时的话语是什么？表情是否与话语相符？如果不符合，很有可能这个人并没有完全说实话。

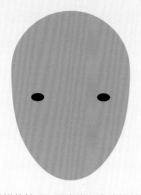

糟糕的惊吓：眼睛缩小或眯着眼睛

蔑视：只有一侧嘴唇上扬

愤怒 / 攻击：下颌向前突起，眉头紧皱

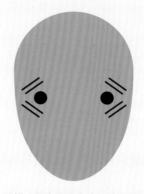

恐惧：眼睛周围或脸颊的肌肉抽搐

厌恶：鼻子周围有皱纹，眼睛缩小，眉毛下拉

悲伤：靠近眉心的眉毛上扬，双唇下垂或噘起

一个强势的人
羞内向的人有
作，即使在他
挫败的时候。

可能比一个害

更多的夸张动

们内心感到

第7课　肢体语言

虽然面部表情是人们内心感觉最明显的信号，但是身体其他部位也传递着和面部表情同样强烈的信息，前提是你要懂得如何理解这些信息。肢体语言往往比人脸更能说明问题，因为肢体语言总是无意识的。

准确阅读肢体语言非常有难度，需要考虑许多信息：人的性格、他们所说的话和交流的完整情景。这些信息通常都不是现成的，但你可以通过注意人们身体的动作、站姿和互动来辨别一个人的情绪状态，并在一定程度上辨别他们的性格。

像面部表情一样，身体语言也是跨文化通用的。这一点可以从一些使用"点光源"展示的实验中得出。通常情况下，演员会在他们身体的各个部位——肩膀、膝盖、臀部、头部、手部等装上微小的光源，然后在一个黑暗的房间里走动，于是人们就只能看到这些光点。在一个这样的实验中，演员们被指示以感到悲伤、兴奋或恐惧时的方式行走。来自许多不同国家的受试者被邀请观看这些移动的灯光，并识别它们所显示的情绪。所有受试者几乎都答对了。有意思的是，恐惧被识别得最准确——可能是因为我们的大脑已经预先准备好快速识别出危险。其他识别准确率较高的情绪分别是愤怒、厌恶和悲伤。

实验表明，情绪会影响整个身体，而且就像面部表情一样，情绪在每种文化中的表现形式是相似的。

然而，肢体语言又会因人而异，因为每个人都有不同的"基准状态"，这决定了他们情绪显示的清晰程度。基准状态由一个人抑制情绪的程度决定。很大程度上，这是一个关于外向和自信的问题——即使在人们内心感到挫败的时候，强势的人也可能比害羞内向的人做出更多夸张的姿势。

在一些文化中，真实情感的流露是不受欢迎的，因此即使是最外向的人也会从小学会抑制情感的表达。当然，这为理解单一的行为又增加了一层难度，尤其是当对方是你

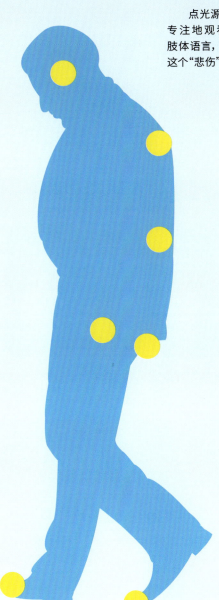

点光源展示使人们专注地观看最基本的肢体语言，例如，图中这个"悲伤"的行走。

不认识的人时，但研究基准状态的构成仍然是一件有意义的事情。

解读肢体语言

虽然肢体语言是通用的、明显的、非常有影响力的，但我们常常不能有意识地注意到它。这意味着我们常常不能有效地利用它，既不能用它看透他人，也不能用它影响他人。通过注意一个人的身体语言的每一个方面并对其进行分析，可以提高自己觉察到肢体语言信息的能力，就如同你对一首诗进行逐行分析，以便最终对其有一个整体的理解。

一项对2000个商业谈判视频的研究发现，一个非常简单的动作——跷二郎腿产生了不同的效果。当谈判的一方跷着二郎腿时，没有一次谈判能达成协议。这项研究强调了肢体语言的力量——在谈判中显露出了抗拒——其影响超过了语言和面部表情。然而,尽管肢体语言有时看起来很明显,但它是最不受意识控制的沟通形式之一。

姿势

1. 自信

姿态端正,肢体伸展,特别是加上明显的放松状态,显示出自信、主宰和权威。政治领导人在向人群讲话时往往会张开双臂,或者一个即将上任的领导人经常搂着自己的对手以示友好,但其效果是为了降低对方的地位。

2. 缺乏自信

焦虑、恐惧和缺乏自信往往会导致肩膀下垂,呈现出紧张、拘谨的姿态。

3. 抗拒

双手和双腿交叉表示对你的想法有不同意见。

动作

1. 焦虑

焦虑的人往往烦躁不安,不停地摆弄他们的手。有时他们的脚会不停轻点地面,或者不停抖腿。

2. 羞怯

低头看地板,表明羞怯、胆怯或尴尬。

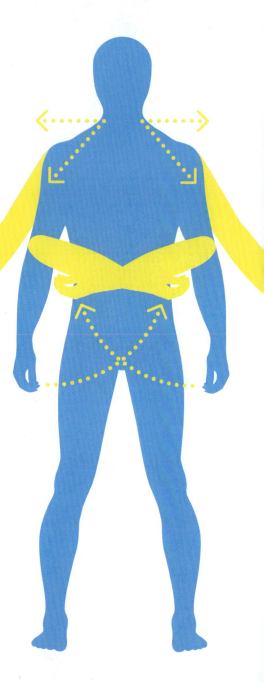

3.恐惧

恐惧时的动作是生硬和犹豫的，人们倾向于侧身对着别人，把自己容易受到攻击的身体部位移开。

4.高兴

感到高兴和安全的人行动轻松，精力充沛，走起路来大步流星，手臂随之摆动。

5.悲伤

悲伤的动作在上半身表现最为明显——肩膀轻微下垂，低头。

6.不耐烦

夸张的点头表示对认可的敷衍或是不耐烦。你需要根据实际情况来判断这一点。

7.攻击性

用手指着人通常表示攻击性或傲慢，而用手指着空气则表示肯定和权威。

8.自信

动作幅度大、伸展的姿态暗示着自信。

控制你的动作

> 伸出手臂，手掌朝下，创造一种平静和有力的感觉，也可以显示你的严厉，想要获得控制权。

> 伸开双臂，手掌向上，是邀请大家达成一致。如果这个动作伴随着肩部抽动，则可能意味着无奈地接受。

> 握紧的拳头通常意味着决心或愤怒。反之，它可能表明你很紧张，并试图表现"强硬"。

> 搓手表示紧张，"洗手"的手势可能表示着期待。

> 指尖相触——双手只有指尖接触——表示思考、仔细聆听或自我肯定。它也暗示着权力。

互动

> 模仿另一个人的动作表明你与他合拍，并可能是一种爱慕或被吸引的表现。

> 身体上的靠近和触摸也是喜欢的信号。

> 脚的位置是一个强有力的信号：如果人们的脚尖朝向他人，这表明他们对别人感兴趣；而如果一只或两只脚朝向远方，可能意味着他们感到无聊或想离开。

> 支配型人格的人往往喜欢带路——先进入房间并走在别人前面。一个例外是，一个人通过在前方为另一个人引路来显示自己的高地位——这是一种施惠的形式。

第8课　展示自己

我们的穿着打扮——从衣服到发型再到我们身体的装饰——是我们的个性、自我形象，有时甚至是世界观的一种刻意展现。从各种意义上讲，我们"穿得引人注目"，是向周围的人表明我们是谁，以及我们希望自己在他人眼中是什么样子。

男性和女性都用他们的穿着来塑造自己的形象，这往往是为了巧妙地进行掩饰。一项研究调查了人们在约会时的穿着，发现男性倾向于穿着他们最昂贵或最保守的衣服。他们的穿衣选择似乎是为了让自己看起来更有经济保障或更像是"信守承诺"的类型。相比之下，女性选择的衣服则能让人注意到她们认为自己最好的身体特征。

人类一开始穿衣服可能是为了保护自己，但只要我们追溯历史，就能看到衣服也被用来体现身份，着装与特定群体相对应，显示地位或财富，或作为一种邀请。今天，通过穿着进行自我展示是很普遍的——你甚至可以买到这方面的书，或者观看如何利用着装来投射特定形象的课程。例如，你可能会被告知，穿红色的衣服可以显得自信和性感。许多着装风格已经成为正式的规范，例如，除了警察和士兵等必须穿的制服外，还有传统的"制服"，如商务人士的西装和运动员的莱卡紧身衣。

然而，这些规范使得通过着装来了解一个人反而更难了。毕竟，不会有人的衣柜里全是红色的衣服，银行家也会去慢跑，休息的士兵也会去超市。换句话说，要理解一个人的着装说明了什么，你需要考虑到人的因素以及你看到他们时的情景。

另一个复杂的因素是，人们会受到他们所穿衣服的影响。例如，一个实验表明，当人们穿上他们认为是属于医生的白大褂时，他们的思维会变得更加敏捷，而穿着泳衣做数学测试的女性比正常穿着的对照组表现更差。因此，至少可以说，如果一个人懂得如何穿着，他就是聪明人。

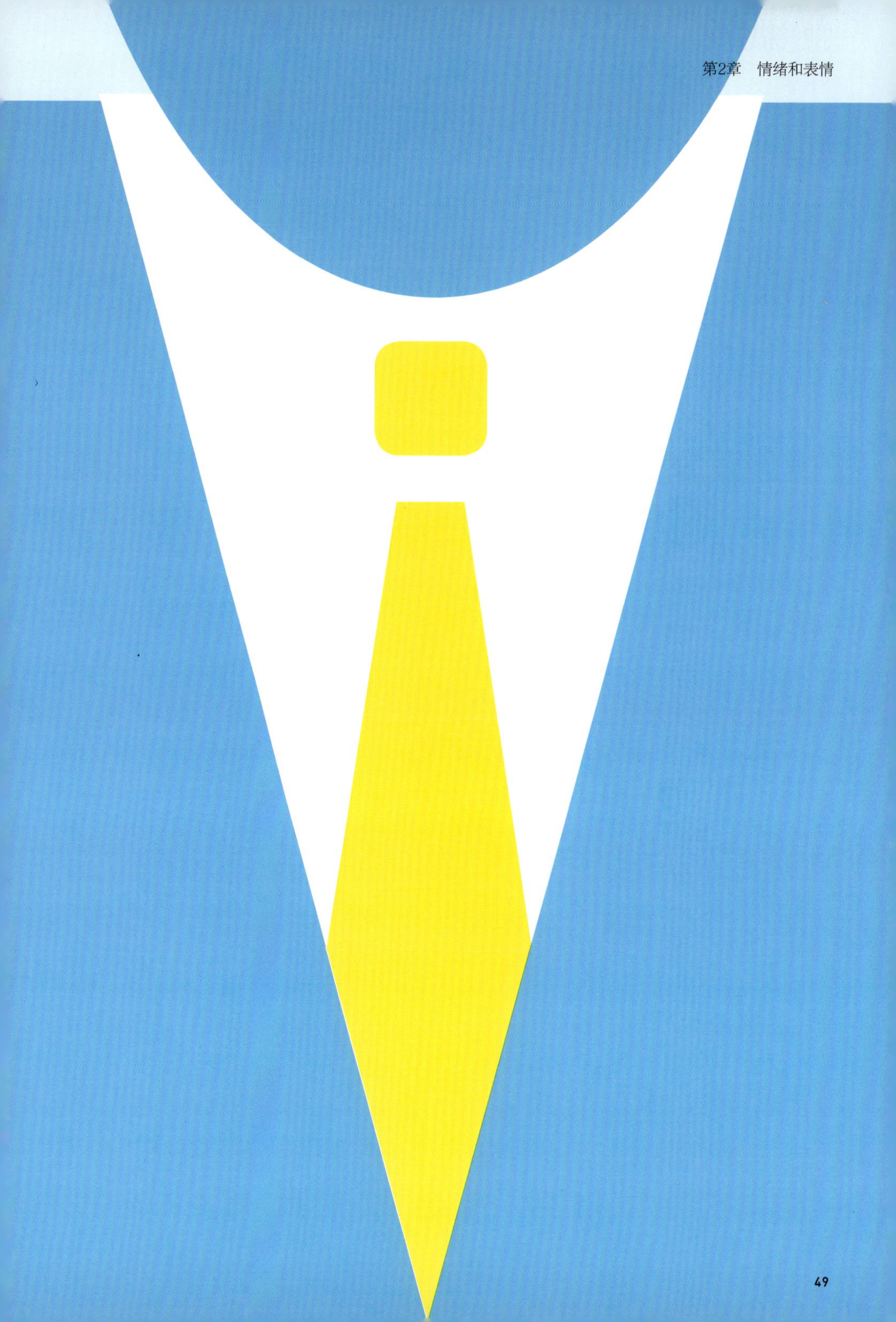

着装法则

人们对于某些服装所表示的含义有着普遍的共识，而且由于这些观念深入人心，很容易利用它们来实现某种效果，甚至进行操纵。

例如，西方人普遍接受的观点是，穿红色服装的女性更热情，也更友好，这种观点被认为是穿红色 T 恤的女服务员比穿其他颜色的女服务员多收 26％ 小费的原因。

人们还发现，以一种特定的方式穿衣会改变人们的思维方式。在一个实验中，志愿者被要求要么穿上他们平常穿的衣服，要么穿上他们最正式的服装。然后给他们一份行为清单，并要求他们在对清单内容抽象和具体的描述中做出选择。例如，"投票"可以有一个广泛的、相当抽象的含义，如"影响选举"，或一个更具体的解释，如"标记选票"。结果显示，那些穿着正装的人倾向于选择更抽象的含义。

在另一项实验中，54 名大学生被要求携带两套服装——一套正式的、一套休闲的——参加一项表面上是关于人们如何根据服装形成印象的研究。他们被随机分配换上这两套服装中的一套，然后接受一项测试，来测试他们是更关注全局信息还是更关注微小的细节。该测试包括了让他们观察一系列由小字母组成的大字母，然后迅速说出他们看到的字母等内容。那些穿着正式的人比其他人更有可能选择大字母，这表明他们更专注于"全局信息"。

尽管人们在理解他人着装方面已经有了很多的经验，但针对这些理解的有效性所做的研究却非常少。

奇怪的是，鞋子在着装信息中似乎有着更重要的作用。在一个实验中，研究人员评估了一群人的性格，然后向另一群从未见过他们的人描述了这些人的鞋子。他们发现，第二组人对鞋子主人性格判断的准确性也超过了随机水平。

一些研究表明，穿高帮鞋的人往往比那些露脚的人更不讨人喜欢，焦虑的人往往会穿着没有光泽的鞋子。不过，也有某些假设被证明是错误的：实验参与者认为，穿着更漂亮和保养得好的鞋子的人往往更认真，但事实并非如此。

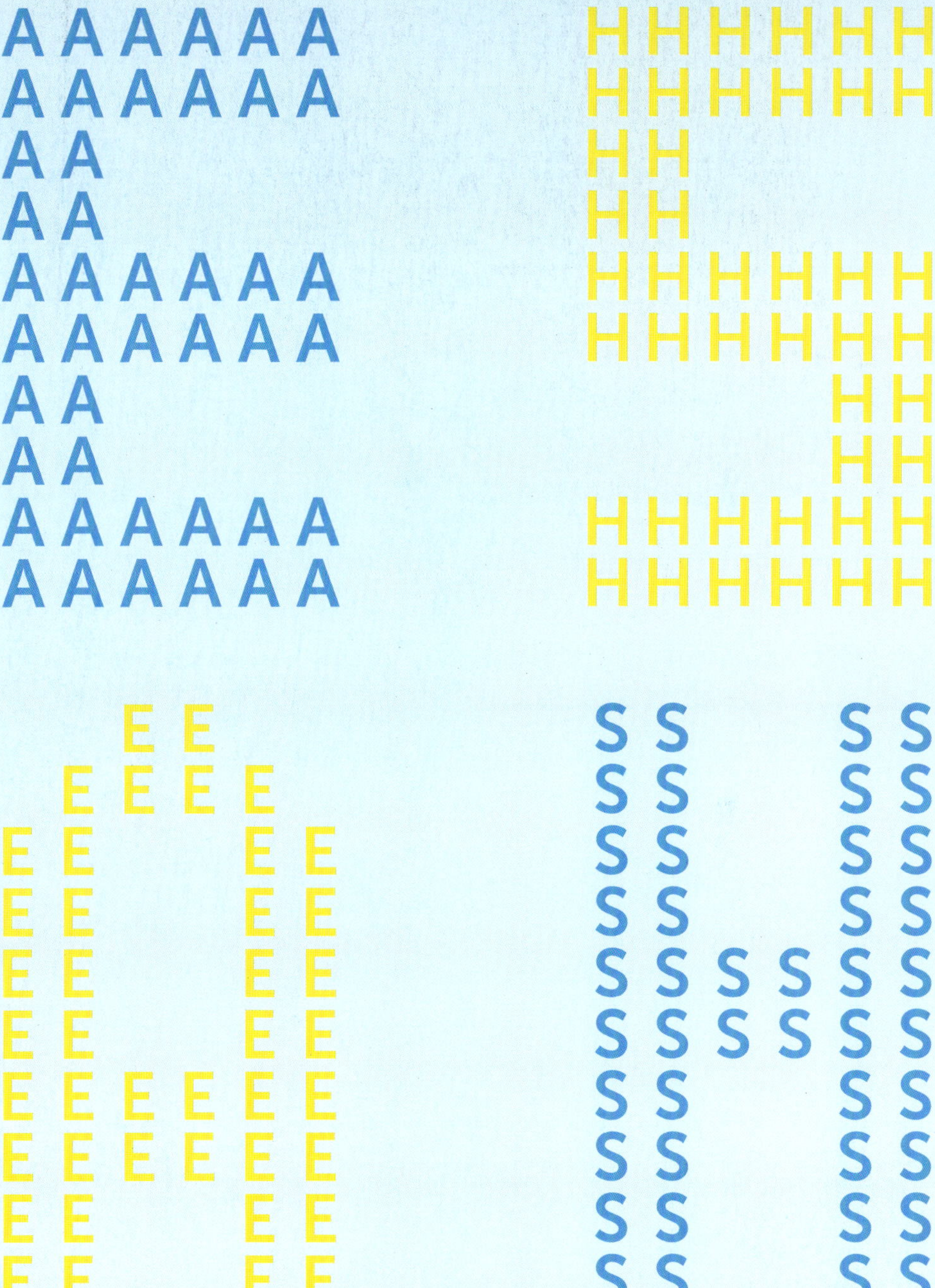

工具包

05

人们展现自己的方式——面部表情、身体语言和服饰——可能是有意识的，也可能是无意识的。有意识的表现可能具有欺骗性，所以要寻找无意识的信号以及明显的信号。如果某人的刻意表现与他们的无意识信号相一致，那么这个人可能是在展示"真实"的自我。

06

面部表情是人们情绪的一部分，而不仅仅是情绪的标志。即使在"宏"表情被抑制或假装的情况下，人们也总是会表现出转瞬即逝的"微"表情或微妙表情，这会真实地反映他们的感受。

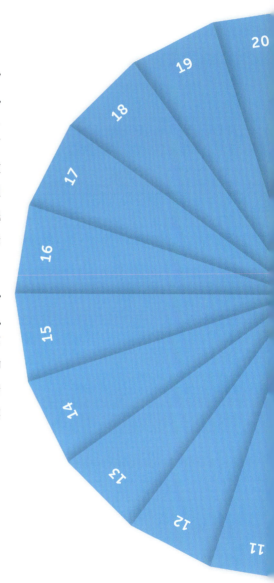

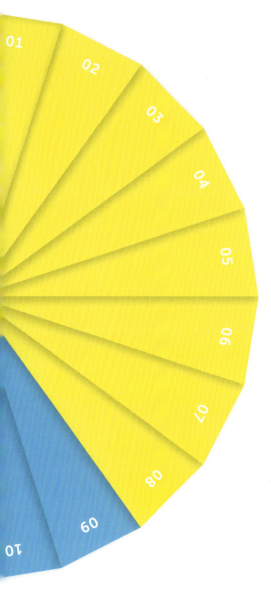

07

肢体语言通常是真实的，隐约反映出一个人的身体想要做什么。例如，他们的脚会指向他们想去的地方，他们会靠近他们喜欢的东西或人。

08

人们的着装方式传递了最清晰也是最难解读的信号。每个人在不同的场合都有不同的着装，因此，仅通过一次会议上人们的着装来判断一个人是不明智的。请记住，人们的穿着是为了给人留下深刻印象，他们通过穿着塑造的形象可能并不真正代表他们真实的自我。

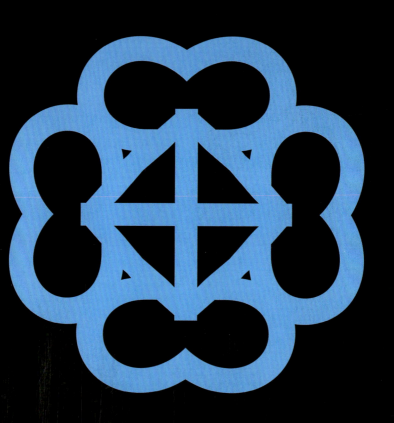

第3章

人格与人性

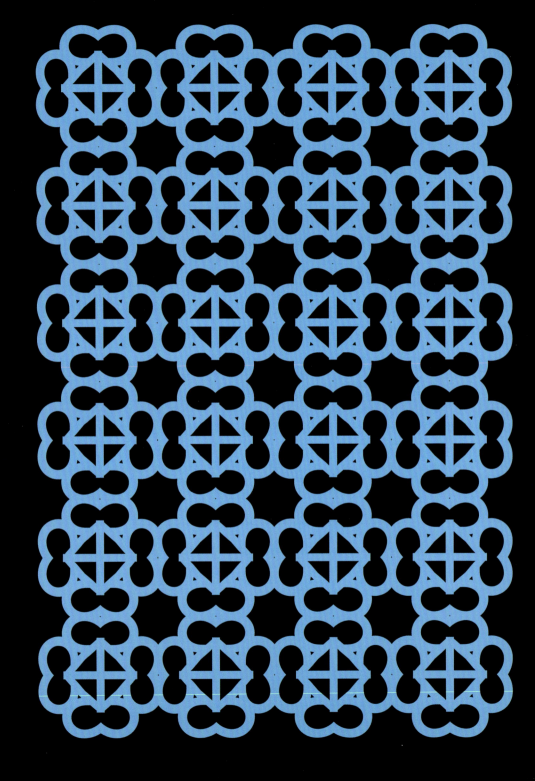

我们只能认识数量有限的人，但几乎每一次与他人的互动都需要我们对对方有所了解。

世界上有70多亿人，每个人都是独一无二的。我们只能认识数量有限的一些人，但几乎每一次与他人的互动都需要我们对对方有所了解。

在日常与人接触的过程中，我们通常不得不信任他人的特征。例如，在乘坐公共汽车时，我们会在瞬间决定自己的座位，因为我们需要确信坐在身旁的人不会有暴力或粗鲁的行为。

但是公共汽车司机呢? 仅仅希望他们能够胜任工作和保持清醒是不够的，我们更加希望能确定这一点。大多数情况下，我们对此是可以抱有信心的，因为能够被委以重要工作的人肯定都已经接受了基本能力测试，并具有合适的性格。

测量、记录和描述人的性格的学科被称为心理测量学。近年来，它已经成为一门严谨的科学，并且以之为基础形成了一个庞大的产业。实际上，我们每个人都会直接或间接地接受心理测量学方法的分析，前者发生在比如申请大公司的工作时，后者发生在我们购物、上网或填写反馈表时，我们的个人信息都会被(通常是隐蔽的) 审查。

心理测量学已经研究出了一些方法，使我们有可能根据少量碎片化的信息来了解一个人的大量情况。在接下来的4节课中，我们将把这些"碎片"整合起来，将它们拼凑在一起，解读如何熟练地看透他人。

第9课　发现人格的特质

弗朗西斯·高尔顿爵士（Sir Francis Galton）是19世纪一位精力旺盛的人物，他不光发明了法医指纹、探索过热带地区、推广了优生学和设计了第一张天气图，与此同时还抽出时间翻遍了整本字典，寻找表明性格的词语。

高尔顿列出了1000个词，并将它们按照相关性进行分组。例如，健谈的、外向的和合群的归为一组，而恐惧的、焦虑的和谨慎的归为另一组。1936年前后，这种方法被心理学家戈登·奥尔波特（Gordon Allport）和亨利·奥德伯特（Henry Odbert）采用，他们翻阅了《新韦氏国际词典》，得出了大约18000个相关词语。他们也试图对这些词进行分类，但最后得到的是一个巨大的、没有逻辑的数据集。需要有人对其进行再分类才能形成一个可用的工具。

这个人就是为人古怪的心理学家雷蒙德·卡特尔（Raymond Cattell），他决定利用这些信息来揭示人类性格中不为人知的特质。在20世纪40年代，卡特尔说服了数千人用这18000个单词来评价自己和他人。然后，他研究出了哪些行为在一个人身上经常会同时出现，而哪些行为是完全独立的。例如，他发现焦虑的人有很大可能也会变得抑郁。但是，即便知道一个人是焦虑的，也并不能说明他们是否有爱心、信任他人或者乐于接受新思想。

和高尔顿一样，卡特尔用评定结果将词语进行分组，每个组中包含了相互关联的词，没有一个词是独立的。经过多年的分析，他最终确定了16个这样的分组，通过用每一组词汇对某个人进行准确评分，你可以全面地描述任何人格的人格特征。

在他职业生涯的后期，高尔顿得到了最早的大型计算机之一ILLIAC I的帮助，这是一台由高尔顿后来所任教的大学——伊利诺伊大学研发的机器。随着计算机的发展，其他研究人员能够对人格数据进行更复杂的分析，于是，卡特尔发现的16个因素逐渐被归结为5个人格维度：开放性（openness）、责任心（conscientiousness）、外倾性（extroversion）、宜人性（agreeableness）和神经质（neuroticism）。今天，这些维度被称为"大五人格""大五人格因素模型"或其首字母的缩写"OCEAN"。

外倾性

健谈的
好交际的
精力充沛的
合群的
坚定自信的
追求刺激的
乐观开朗的
热情的

宜人性

热心的
善良的
合作的
信赖他人的
友好的
开放的
宽容的
团队协作的

责任心

有条理的
高效的
有方法的
尽职的
有毅力的
可靠的
勤勉的
负责的

情绪稳定性

随和的
知足的
放松的
乐观的
自我接受的
包容的
悠闲的
自给自足的

开放性

有创造力的
质疑的
有艺术兴趣的
情感开放的
有冒险精神的
自由的
浪漫的
贪玩的

理论上，每个维度都是独立于其他维度的，而每组中的词汇都以精确的数学方式联系在一起。

例如，如果一个人是焦虑的，他们患抑郁症的可能性比焦虑等级低的人高75％；而如果他们是合群的，那么他们会喜欢旅行的可能性则高于22％。这些研究发现已经被制作成一个测试，其中包括数百条陈述，在测试过程中，被试需要对这些陈述与自身情况的相符程度，在1分到5分的范围内进行评分。一个典型的陈述是："我很容易交到朋友，"或者"我投票给自由派候选人。"

由于人格测试有明显的局限性，所以对其准确性还存在着很大的争议，但这并不妨碍心理测量学（也被称为人格测试）成为一个庞大的产业。

大五人格测试

如果你想在一家大公司工作，想驾驶飞机或想收养孩子，你肯定会接受某种形式的人格评估。一项对拥有专门的人力资源部门的公司的调查发现，75%的公司在招聘时会使用心理测试，而且大多数公司十分信赖测试结果，以至于他们至少会部分地使用这些测试来选择员工。

大五人格测试（有许多简化版本）能对你的人格进行概括性描述，让你了解自己的优势和能力，和仅仅通过思考的方式相比，大五人格测试能为你提供一个更好的指导。

实用技巧

（1）我的任何人格特质是否妨碍了我做自己想做的事或成为自己想成为的人？

（2）是否有一个特定维度的人格特征说明了为什么我擅长或不擅长做某事？如果有这样的维度，我可以怎样来改变它？

（3）我的任何人格特质是否能帮助我发现目前还没有发现的机会？如果有这样的特质的话，我该怎样才能更好地利用它们？

这样的思考是一种个人练习，可以引导你进行反思，也许会潜移默化地改变你对待他人的方式。

只是了解人格维度并不能带来任何改变，但它能让你更好地了解他人，也许你会看到人们的"另一面"。

如果你的责任心得分较低，你几乎肯定会经历过别人对你工作时粗心大意的指责。不过，根据大五人格可以得知，粗枝大叶的人也很可能会是随机应变的、灵活的，所以你可能需要找一份看重这些品质的工作。例如，你可能会发现自己当老板比为大公司打工要好。

如果你的开放性得分很高，你可能经常被告知你对事情的质疑太多了，或者你很容易感到无聊。然而，按照"大五"的说法，怀疑精神往往与创造性相伴，因此，与其与那些不喜欢你质疑行为的人共事，不如到一个鼓励员工敢于打破传统、创新做事方法的地方去工作，你可能会表现得更好。

测试

✚ 首先看一下"大五人格测试"圆圈中的每一个词，给自己或你要分析的人在每一个词上打上1～5分的分数。将每一栏的分数相加后，再除以8，然后将所得的数字标在轮子相对应的"轮辐"上。将这些标记点连接起来，就可以得出你的人格"形状"。例如，4－5－2－1－3的分数对应的形状是图中这样子的。

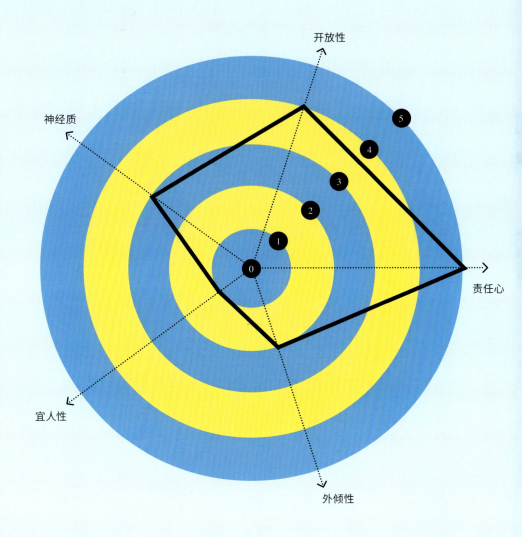

第10课　人格类型和刻板印象

完美的性格测试可以让你通过一个人的很小一部分信息了解他的一切。占星术就与此类似——你只需要透露你的出生时间，就会得到一份详细的人格评估。遗憾的是，占星术缺乏科学依据，所以除了供人消遣以外，没有什么用处。

然而，有一些人格类型学测试被证明是具有开创性和实用价值的。理论上，人格测试比几个月的普通交往能让你了解到关于一个人的更多的信息。不同类型的人格测试过程都是类似的——从一些事实中推断出大量的信息——而且都得到了许多研究的验证。在许多人格类型测试学中，比较流行的是迈尔斯－布里格斯类型指标（MBTI）。它是在20世纪三四十年代由美国两位自学成才的学者凯瑟琳·库克·布里格斯（Katharine Cook Briggs）和她的女儿伊莎贝尔·布里格斯·迈尔斯（Isabel Briggs Myers）开发的。她们的系统借鉴了荣格（Jungian）心理学，得出了16种不同的人格类型，为此她们还开发了一个字母系统——每种类型都由4个字母的组合来描述。

也有一些测试来自多种理论。例如，九型人格（Enneagram）学说就声称借鉴了葛吉夫（Gurdjieff）、苏菲主义哲学和《圣经》。

九型人格将人格分为9种主要类型——改革者、帮助者、成就者、个人主义者、调查者、忠诚者、热情者、挑战者、和平缔造者，然后将其进一步分为亚型：后代繁衍型、社会辅助型和追求生存型。后代繁衍型的人本能地寻找并形成一对一的亲密关系以获得安全感；社会辅助型的人从群体中获得支持；追求生存型的人基本上是为自己着想。

迈尔斯－布里格斯（MYERS-BRIGGS）类型指标

I（内向）或 E（外向）；S（感官）或 N（直觉）；T（思维）或 F（情感）；J（判断）或 P（知觉）。因此，ISTJ 型性格的人就像是一位内向、着眼现实、理性思考的法官，而 ENFP 型性格的人则是一个外向、相信直觉、感性的感知者。

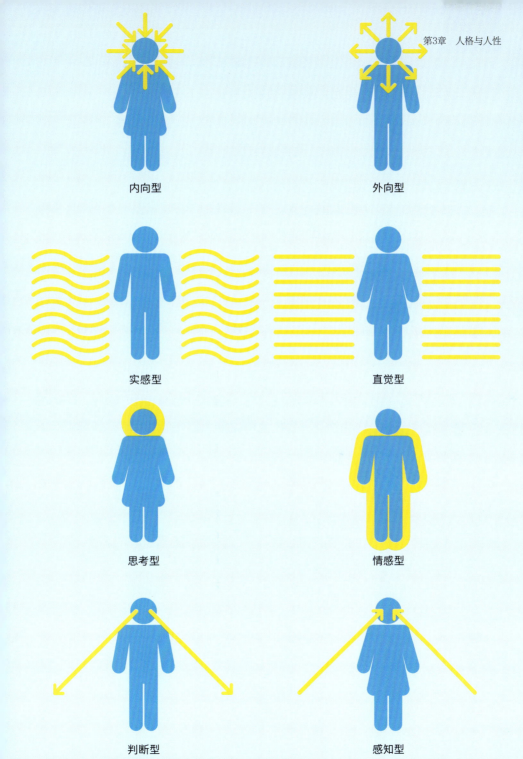

内向型

外向型

实感型

直觉型

思考型

情感型

判断型

感知型

63

不同人格的人之间的碰撞

人格类型测试总是由问题或一系列描述组成，你只能回答是或不是。与"大五"人格测试一样，它们主要要求你进行自我描述，然后以一种详细的形式反馈描述。这种方法虽然听起来简单，但却十分有用。

假设你的测试结果表明你在迈尔斯－布里格斯类型指标（MBTI）中属于 ESFP 型（外向型、实感型、情感型和感知型）或者在九型人格（Enneagram）中属于第七型（热情者），而你有一个问题需要和同事解决。从你的角度来看，你是一个友好的人，喜欢与人协商解决问题，你觉得主动、直接、乐观的方法最有助于解决问题。于是，你会跑到同事的办公室门口探头张望——由于他们看起来比较清闲——你便开门见山地开始谈论这个问题。

令你恼火的是，你的同事见到你后似乎并不高兴，而且似乎不愿意和你讨论这个问题。你没能解决这个问题，但当你回到自己的办公桌时，发现该同事发来一封电子邮件，建议在第二天开会讨论这个问题。由于你刚刚才与他谈过话，他的电子邮件和开会的建议让你感到沮丧。从你的角度来看，这个人刚才很不友好，不愿帮忙，总体来说让你感觉很不舒服。

现在，我们来换位思考，你的同事是 MBTI 中的 INTJ（内向型、直觉型、思考型和判断型）或九型人格的第五型（观察者），让我们换到他的角度看问题。你正在努力解决一个问题，这时一个同事进来了，打断了你的思考过程。这位同事开始谈论一个问题，陈述自己的观点，并且让你也要发表意见——你不愿意这样做，因为你还没有想好。他又从一件事扯到另一件事，中间夹杂笑话和其他话题，把你刚刚梳理清楚的思绪弄得一团糟。气氛十分尴尬，当他离开后，你感到很焦虑，对问题的认识也不如以前清晰。意识到该同事迫切地想解决这个问题，你决定立即行动，给他发电子邮件，建议第二天开会讨论这个问题——到时候你就已经把事情想清楚了。

这样的互动时常发生，虽然你不必精通人格类型学，就知道人们看待事物的方式不同，但能够识别不同的人格类型也是很有帮助的，特别是那些与你非常不同的人格类型。

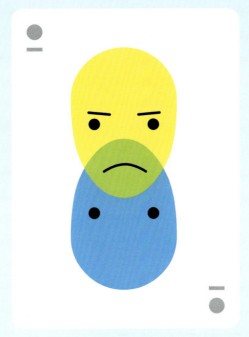

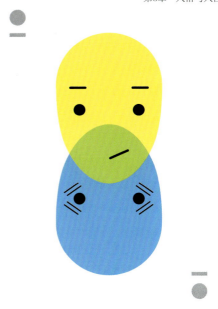

通过严格的测试来区分人们的人格"类型"不等同于刻板印象——后者指的是因为一个人的主观偏见将人们的某个特征与另一个特征相联系，而对他们做出的假设。

正如我们所知，某些特征在个人身上经常被混为一体，人格测试旨在识别真正存在的联系。仅仅假设两个特征之间存在联系造成的潜在风险是，人们会"预设"刻板印象，从而犯下错误。

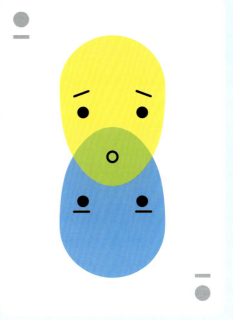

人们常常

种人格，

种"次要"

拥有第二
甚至是多
人格。

第11课　人格是如何形成的

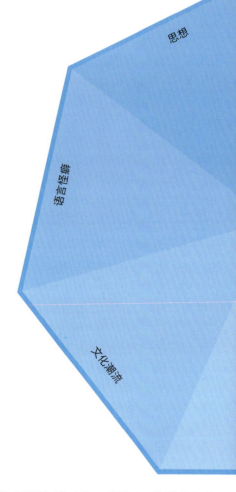

思想

语言怪癖

文化潮流

你是否曾见过你认识的人表现出截然不符的性格？也许你撞见过一个平时很安静、独来独往的同事却在一个聚会上表现得热情豪放？更令你震惊的是，你听说了他还有一个你从未察觉到的习惯。

虽然大多数人都有一个主要的、稳定的人格，但也普遍拥有一个第二人格，甚至在特定的情况下突然出现多个"次要"人格。少数人表现出万花筒般的行为，这些行为随着他们的角色变化而变化，彼此之间看起来完全没有关系——负责任的工人、不耐烦的父母、强势的说客和带来慰藉的配偶。另一些人可能有很强的主要人格，但表现出的行为怪癖与他们正常的自我完全不一致。这些行为怪癖可能只是一个奇怪的姿势，一句不合时宜的话或一个反常的习惯，例如一个非常讲究的人把巧克力饼干放到茶里乱蘸一气。

"次要"人格的数量因人而异，但研究表明，大多数人至少有4个，有些人甚至超过20个，平均约为7个。其中许多"次要"人格实际上是无法察觉的——可能是在不知

不觉中受到了他人的一些影响，特别是在童年时，年轻的头脑像吸尘器一样吸收了一些特殊人格。

思想、信仰、态度和情绪反应连同一些小动作、语言怪癖和文化潮流一起混入了人格的口袋。一些碎片被抛弃，而另一些则保留了下来。这些大杂烩可能会聚合成为一

信仰

观念

情绪反应

小动作

个连贯的整体，也可能是一盘散沙。

参照框架

你有没有想过，为什么你和你的朋友的反应截然不同？或者曾经希望自己在生气时也能保持冷静？人格的有趣之处就在于，我们会将它们与不同的行为联系起来。只要我

在极少数情况下，人们会经历急剧的人格转换，每个人格都有自己的记忆和知识的"口袋"，其中不包括对其他人格的认知。在一种人格状态下，一个人可能会买一整套的衣服，而在另一种人格状态下，他完全不记得有这回事。

人格转换与一种被称为状态依赖性记忆的现象有关。它指的是当我们处于与初始经历相同或相似的状态时，我们的大脑对某些记忆给予了特殊的对待。

一个经典的实验证明了这一现象。志愿者被要求背下一连串的单词，一组人在背单词前喝了一杯烈性酒。第二天，两组人在被要求回忆这些单词之前都喝了酒。在背单词时喝了酒的那组人的得分是在清醒状态下背单词的那组人的两倍以上。

像醉酒一样，人格是一种心理状态。是关于自身的知识——我是谁，我家在哪里，是这种心理状态的一部分，通常非常稳定，而情绪反应和行为方式的稳定性则明显不同。即使是那些平时人格非常稳定的人，他们对事物的好恶也往往会随着环境的变化而变化。

们认识到自身的不同人格，就能够从每种不同的状态中学习。

一定程度的可变性是灵活性的标志——在我们这个复杂、快速变化的世界里，越来越需要去适应世界的转变。

多维度的人格甚至可能让你免受疾病困扰。美国北卡罗来纳州杜克大学的心理学家帕特里夏·林维尔（Patricia Linville）主持的一个研究项目发现，人们能够认同的所谓"人格分支"或"自我方面"越多，他们就越有能力应对压力。

林维尔要求100名大学生选择他们认为可以描述自己的特征，如"外向""懒惰"和"深情"等。她发现，学生选择的这些品质越多，而且重要的是，品质之间的区别越大，学生在承受压力时出现背痛、头痛、感染和痛经的可能性就越低。他们报告的抑郁症状也较少。

林维尔的结论是，这是因为压力对能意识到自身多重人格的人的影响较小，因为它只会影响到他们的一个或一些人格。她说："一位刚刚输掉一场重要比赛的网球运动员很可能会感到沮丧，而这些负面情绪很可能会与这个人的'网球运动员'人格联系起来。但是，如果这个人的其他自我方面既多又不同，那其他自我方面就不会受到溢出的负面情绪的影响。生活中这些未受影响的方面可作为缓冲区。"

与"主要"人格测试一样，你可以通过"参照框架"来了解自己和他人的次要人格。你可以试着把自己放在一个特定的角色或情景中，只从这个角度回答问题。例如，如果你所做的测试是工作选拔程序的一部分，你就应该假设自己是在工作场景中回答问题。例如，"如果一个人约会迟到了，你会变得急躁吗？"可以重新表述为："如果一个员工没有正当的理由迟到了，你会训斥他吗？"

认识你自己的次要人格，并在你遇到别人的次要人格时理解它们是什么类型，将使一些原本令人困惑的、复杂的人类行为变得不再神秘，也能为你提供应对困难情况的策略。就像"网球运动员"的例子一样，使用一个参照框架可以帮助你认识到自己可能的反应方式。

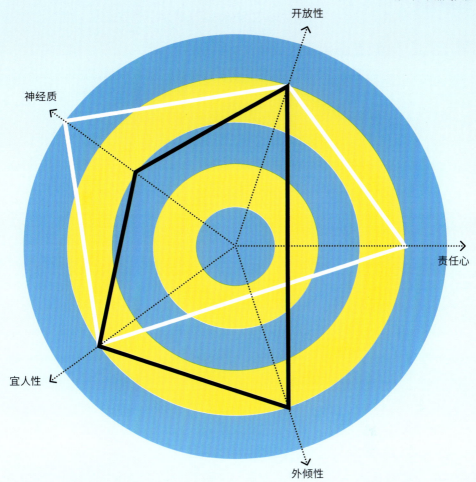

如果你在做第9课的快速人格分析时使用不同的参照框架，你可能会发现你在每一个参照系中显示出了不同的人格。如图所示，黑线划出了一个人在最常见的心理状态下的主要人格形态。白线显示的是当这个人在压力大的情况下重新进行测试时出现的人格。他们的外倾性减少了，而神经质和责任心则增加了。

第12课 读懂别人的心思

也许人性中最基本的特征是我们对他人的需求。当然，这是有实际原因的。大多数社会的组织方式是，我们互相依赖才能生存，不仅包括个人之间的联系，也包括商业等社会结构。

我们与他人互动的需求远不止是出于单纯的实用性。很少有人能忍受长时间的完全孤独，即便我们的身体需求得到了满足。事实上，单独监禁是能够施加于一个人的最可怕的惩罚之一。研究表明，单独监禁的囚犯很快就会变得孤僻，对视觉和声音过度敏感，出现妄想，更容易产生暴力行为和幻觉。

虽然在日常生活中，人格特质和类型分析可以在一些方面为我们揭示个体差异，但我们还需要一种更直接的方式来了解其他人的想法。当然，我们永远不可能准确地知道别人的想法，但我们却实实在在地对此有一种直觉。

在心理学上，这被称为心理理论（ToM）。简单地说，它指的是一种直觉的认识，即他人都有自己的思想——一套想法、情感、意图和判断——可能与我们的思想不同。

在大多数儿童中，心理理论在最初的三四年里随着大脑几个区域的成熟而慢慢出现。这些大脑区域的共同运作让孩子明白他们是一个独立的个体，他们的思想和感觉是在他们的脑袋里面，而并非外部世界的一部分。在此之前，婴儿不能明确区分自己的主观世界和客观世界。

当孩子们把自己的思想和世界的其他部分区分开来时，他们开始理解其他人有着与自己不同的感情、情绪和观点。尽管我们认为这是理所当然的，但形成心理理论所需的概念确实相当复杂。首先，你需要将你与你正在经历的思想和感知分开。你需要能够记住有不同的想法和感觉的昨天的"你"，并想象明天的"你"。通过这种方式，你开始认识到自己是世界上的一个客体（尽管是一个非常特殊的客体），而且是一个你可以从外部进行客观观察的客体。

一旦你实现了这一巨大的概念性飞跃，你就会开始懂得世界上的其他客体——那些与你类似的客体——在他们的大脑中也有丰富的私人体验，正如你自己的大脑一样。这就是心理理论。

心理理论的出现不可避免地带来了被人关注的感觉，以及将我们自己分割成一个

私人的自我（只有自己才知道的自我）和一个公共的自我（可以通过其行为进行观察和评判，但内心并未"自知"的自我）的能力。反过来，这又催生了另一种认识——我们可以欺骗他人！因为他人不可能知道我们的想法或私下的行为。

换位思考

齐普（Zippo）是伊丽莎白想象中的朋友。齐普出现在伊丽莎白三岁的时候，在大约六个月的时间里，家里的任何事故都是齐普的错。齐普把桌子上的花瓶推到地上了，齐普扯了猫的尾巴，齐普吃了早餐麦片（后来在桌子下面找到了）。伊丽莎白的母亲对齐普的调皮捣蛋并不介意，而是对伊丽莎白身上新出现的撒谎（显而易见的谎言）能力感到沮丧。

孩子们在三岁左右开始说谎——尽管是相当笨拙的谎言。他们的父母可能会因此感到沮丧，但事实上他们应该感到欣慰，这表明他们孩子的大脑正在发展"阅读"他人想法的关键能力。

心理理论密切联系着（并可能依赖于）大脑的另一项非凡的功能——被称为镜像神经元的脑细胞活动。神经元产生的电流创造了我们的体验和行动。例如，如果一组特定的神经元激活，我们的右腿就会感到疼痛。有的神经元会让人产生看到红色的感觉，有的会让人会想到一个苹果，有的会让人回忆起一个老朋友，等等。

镜像神经元的特殊之处在于，不管是我们有过一个特定的经历，还是我们看到别人有这种经历，它们都会启动。例如，大脑成像研究表明，一个人在看着另一个人承受痛苦时，自身产生痛苦的神经元也会被激活。

心理理论和镜像神经元的组合在建立人与人之间的联系方面有很大的作用。它们实际上并不能以心灵感应的方式进入另一个人的思想，但其效果是类似的。该系统虽说是与生俱来的，但它可以被强化。做到这一点的第一步是承认而不是否认它。

第二步就像练习穿上别人的鞋子，体会别人的感受。研究人员给一些儿童和青少年进行了一年的表演训练或其他艺术训练（如绘画或音乐），发现表演组在共情和心理理论方面的得分比其他组有明显提高。

另一种被证明能训练这种"读心术"的技巧是"行为同步"，简单地说，就是与他人同步做某事，如一起唱歌和跳舞。

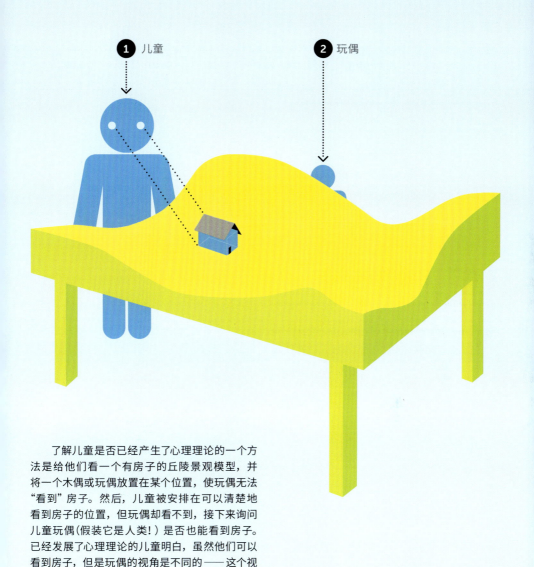

① 儿童　　② 玩偶

　　了解儿童是否已经产生了心理理论的一个方法是给他们看一个有房子的丘陵景观模型，并将一个木偶或玩偶放置在某个位置，使玩偶无法"看到"房子。然后，儿童被安排在可以清楚地看到房子的位置，但玩偶却看不到，接下来询问儿童玩偶(假装它是人类!)是否也能看到房子。已经发展了心理理论的儿童明白，虽然他们可以看到房子，但是玩偶的视角是不同的——这个视角是看不见房子的。在儿童没有发展出心理理论之前，他们会认为如果他们能看到房子，玩偶也能看到房子。

工具包

09

虽然每个人都是独一无二的，但人格通常可以划分为五个维度：开放性、责任心、外倾性、宜人性和神经质。大五人格包含了几乎所有可能的人格特征，使用大五人格测试可以确定任何人的人格的确切"形状"。这就是所谓的"性格分析"。

10

描述一个人的第二种方法是"类型分析"。人格类型测试将人们对应至多个类别中的一个。尽管类型分析法在各行各业被广泛地用于员工的甄选，但关于它的科学验证没有人格分析那么严格。

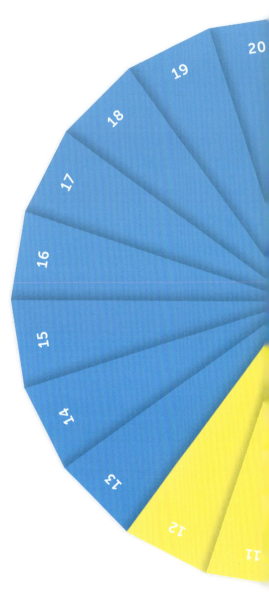

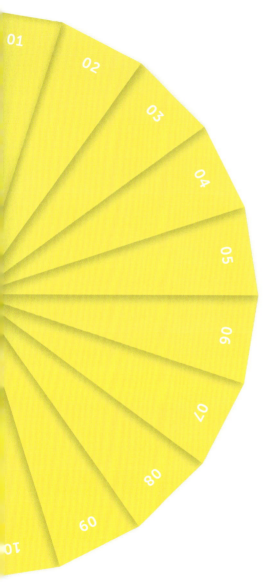

11

很少有人拥有单一的、稳定的人格。相反，我们往往会根据情况从一种人格切换到另一种人格。认识到这些人格的转变，并培养人格的可变性，可以帮助你适应不同的情况。

12

心理理论是指能够理解他人有独立的意识，他们的感受和想法与自己不同。心理理论通过模仿来促进同情、共情和学习——这是一个在童年时期学习的自然过程，也是作为父母需要了解的一个关键过程。

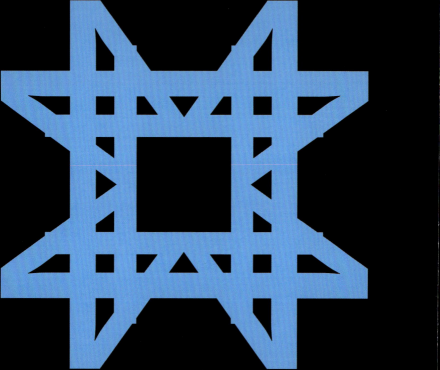

第4章

沟通和影响

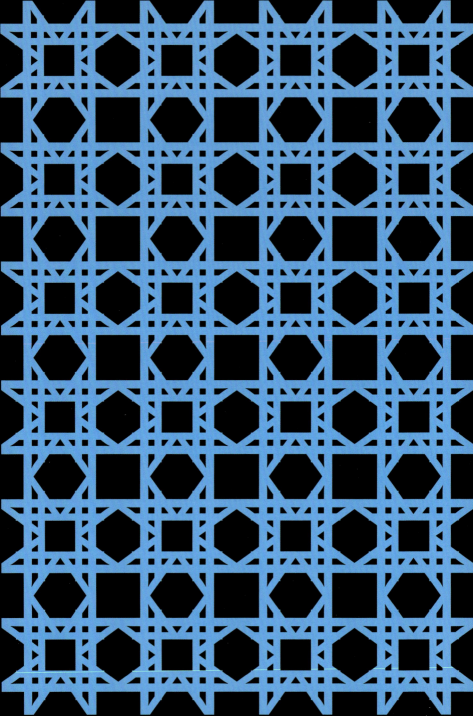

泛泛之交的人们在合不来时可以无关痛痒地转身离去，但当同事、朋友或伴侣之间的互动方式出现问题时，就会严重影响彼此的生活。

到目前为止，我们一直把人作为个体来看待，考虑如何在一对一的情况下了解对方。本章将换种方式，就像人类学家报告新发现的物种一样。

人类在两个方面表现出色：交流和想象力。人类拥有通过语言传递信息的独特能力，再加上创造出不计其数的新思想和艺术品的想象力，使人类具有独特的多样性和不可预测性。习惯、风俗、规范和价值观可以通过现代媒体迅速传播，一夜之间就被成百上千万的人接受。我们穿着的丰富的文化外衣遮盖了人类的基本特质，令任何试图将其辨别出来的人感到头晕目眩。

然而，当我们脱下覆盖的外衣，就能发现人类社会自始至终都有着的某些共同特征。其中最根本的特征是我们需要与他人在一起。在不考虑群体的情况下解读人的行为，就像试图在不考虑蜂巢的情况下去理解一只蜜蜂。本章将从四个主要层面来研究人类群体：人类社会整体、家庭、群体和人群。

第13课　会话流

1965年，当甲壳虫乐队如日中天时，他们安排了一次与他们的偶像猫王（Elvis Presley）的会面。谈话进行得并不顺利，猫王说："如果你们只是坐在那里看我，我就要去睡觉了。"于是，这五个人进行了一个简短的即兴表演，才打破了尴尬的场面。但后来，约翰·列侬（John Lennon）对自己心目中的英雄感到失望，他说："这就像遇到了英伯格·汉普丁克（Engelbert Humperdinck）一样"。

你可能也经历过类似的会面，尽管可能不是在超级明星之间。你甚至可能自己也组织过这样的聚会——你期望朋友们能一拍即合，却发现见面以后无话可说令人失望。了解每个人的性格并不意味着你可以预测他们见面时会发生什么，因为他们之间的互动会是一个全新的情景。

泛泛之交的人们在合不来时可以转身离去，但当同事、朋友或伴侣之间的互动方式出现问题时，就会严重影响他们的生活。要么关系破裂，分道扬镳，要么他们继续被锁定在一段不正常的关系中。互动方式出现问题有时是因为个性、志向或价值观的冲突，有时是由于沟通不畅。如果是后者，可以通过分析人们的说话方式并稍微改变回应方式

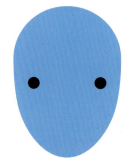

应对眼前的现实的成人自我（它是唯一与过去无关的自我状态）

具有童年时期父母或监护人一样的思维、感觉和行为的父母自我。可能是批评型的，也可能是慈爱型的父母自我

来解决。

这是心理学家埃里克·伯尔尼（Eric Berne）的主张，他在20世纪50年代提出了有着巨大影响力的社会互动理论——交流分析（TA）理论。该理论基于这样的认识，即大多数人会发展出一个成人自我，但在他们的内心深处都潜藏着一点父母的影子，还有一点童年时期的影子。

这三个"自我"都可以愉快地与他人互动，只要与他们在一起的人以互补的方式做出回应。如果一个人的成人自我试图与另一个人的成人自我沟通，但得到的是父母自我的回应；或者当孩子向父母发出请求时，而得到的是成人自我做出的回应，社会交流很

再现童年时经历过的思想、情感和行为的儿童自我。或是自由型的或是适应型的儿童自我

快就会出大问题。

伯尔尼发现，基本的社会交流，即个人之间的单一双向交流，有两种形式：

（1）互补性交流。互补性交流是指某人（甲）的一个自我希望他人（乙）进入自己互补性的自我而展开的交流。例如，如果甲说："你看起来很累，我想你应该去睡觉"，这句话出自甲的父母自我，并希望乙的儿童自我做出回应。或者，如果甲说："噢! 我割到自己了（甲的儿童自我）"，互补的回答是，"来，我给你贴个创可贴（乙的父母自我）"。互补性交流包括"成人—成人"和"父母—儿童"模式，反之亦然。

（2）自我交叉或"未连接"的交流。当一个人的儿童自我或父母自我说了一些话，却得到了别人成人自我的回答；或者成人自我说了一些话，却得到了别人的父母自我

或儿童自我的回答时，就会出现自我交叉或"未连接"的交流。当双方的交流出现自我交叉时，对话就进行不下去了。生活中，人们可能会因为生气或不想与某人交流而故意这样做。

识别自我状态

通过仔细聆听两个人的谈话，你有可能分辨出父母 / 子女 / 成人三种自我之间的对

话。以下面这段简单的12句对话来举例：

（1）老板：会议什么时候开始？

（2）员工：现在就该开始了，但法务部的人还没有来。

（3）老板：他们总是这样！

（4）员工：是啊。他们认为他们自己就是法律。

（5）老板：我看了你的报告——内容不

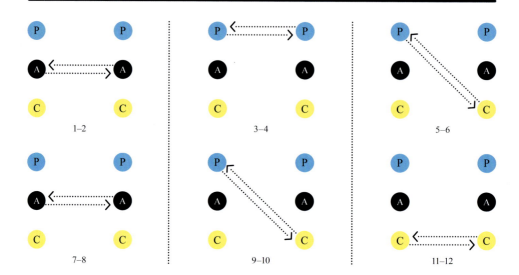

P 父母　　　　A 成人　　　　C 儿童

错，但你的文笔实在太烂！

（6）员工：哦，不好意思。我以后会加倍注意的。

（7）老板：看，法务部的人来了。

（8）员工：太好了。

（9）老板：过来坐我旁边，这样你就不用大声说话了。

（10）员工：谢谢您！

（11）老板：快看！一定有好消息——他们带着香槟酒来的。

（12）员工：太棒了！

在这个简短的交流中，两个人都毫不费力地在自我状态之间切换。

（1）老板——成人对话

（2）员工——成人回应

（3）老板——批评型的父母自我状态

（4）员工——批评型的父母自我状态

（5）老板——批评型的父母自我状态

（6）员工——适应型的儿童自我状态

（7）老板——成人自我状态

（8）员工——成人自我状态

（9）老板——慈爱型的父母自我状态

（10）员工——适应型的儿童自我状态

（11）老板——自由型的儿童自我状态

（12）员工——自由型的儿童自我状态

这段对话进行得很顺利，因为尽管双方的自我都在转换，但没有任何一句交流出现"自我交叉"或"未连接"的情况。然而，只要稍微改变一下谈话内容，就会有不同的结果。比如这样：

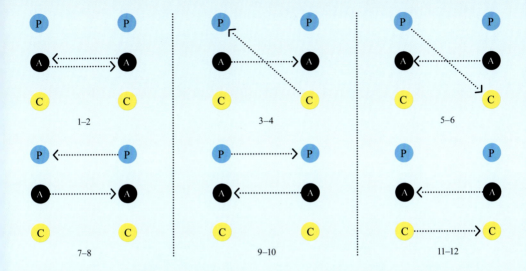

（1）老板：会议什么时候开始？（成人自我状态）

（2）员工：现在就该开始了，但法务部的人还没有来。（成人自我状态）

（3）老板：嗯，他们手头的事情也很多。（成人自我状态）

（4）员工：下次会议我也要晚来。（儿童自我状态）

（5）老板：我看了你的报告——内容不错，但文笔实在太烂！（批评型的父母自我状态）

（6）员工：语法很重要？我拼命赶出来的。（成人自我状态）

（7）老板：法务部的人来了。（成人自我状态）

（8）员工：还能再晚一点吗！（批评型的父母自我状态）

（9）老板：你要坐过来一点吗？这样你就不用大声说话了。（慈爱型的父母自我状态）

（10）员工：你不介意的话，我就想坐这儿。（成人自我状态）

（11）老板：哦，快看！他们带着香槟酒！（自由型的儿童自我状态）

（12）员工：对我来说，还不到庆祝的时候！（成人自我状态）

分析这次谈话，你会看到一连串自我交叉或"未连接"的交流。这段谈话虽然没有针锋相对，但完全不能拉近两人的距离。练习以互补的方式做出回应，直至你能在谈话过程中运用自如。

第14课　本能反应与影响力

距离戴尔·卡耐基（Dale Carnegie）的《人性的弱点》（*How to Win Friends and Influence People*）首次出版已经80多年了，但该书仍然是市场上畅销的励志类书籍之一。卡耐基的建议——除去那些心灵鸡汤的例子——实际上与现在数以百万计的励志书籍和网上的建议没什么区别。

这或许是因为说服的艺术是不变的，而卡耐基只是碰巧先于他人从实用的角度将其著书立说。又或许是因为是卡耐基的书和随后出版的数百本书影响了我们，使我们认为这就是我们与自己的同类打交道的方式——与他们交朋友，然后让他们按照我们的想法去做事。

你可能觉得把友谊和影响力联系起来的想法有些令人反感，但毫无疑问，这两者之间确实存在联系。获得另一个人的认同——这是友谊中隐含的一种状态——使得让他们的想法或态度向你靠拢变得相对容易。如果你不能很好地建立起友谊，也可以通过邀请对方认同他们所崇拜的人（比如

说一个名人）的方式实现自己的目的。

然而，获得认同并不是让人们按照你的想法去做事的唯一方法。它甚至可能不是最常见的方法。通过影响力而不是强迫来引导他人，本身就与我们的许多本能相悖。这是一种间接的、复杂的实现目标的方式，可能只有当粗暴的权力和僵化的社会等级制度消失，更多平等的群体出现时才会实现。发号施令和服从的本能欲望仍然存在于我们所有人身上，并且仍然在许多领域发挥作用：政治、有专制家长的家庭、操场上的儿童，以及有专横的老板的工作场所。

与此相比，温和的说服艺术显然更受欢迎。但它却近于心理操纵——一种旨在通过欺骗改变他人行为或认知的社会影响力。很难在这两者之间划清界限：销售人员的交友邀请，他们对你的健康状况的殷勤询问，恰到好处的赞美，礼节性地表达歉意，等等，是操纵和阴险的伎俩，还是亲和力的真诚表达？这真的很重要吗？在大多数时候也许并不重要。友谊，即使是假装的，也能

互惠

在人们交流中对棘手的事情起到润滑作用，使每个人都感觉更好。但知晓两者之间的区别是很有用的。

说服

慈善机构经常在其发出的募捐信件中附赠免费礼物——通常是几张便笺和一支笔。乍一看，这似乎是一种浪费，但慈善机构发现，带有礼物的信件比没有礼物的信件募集的捐款常常要多得多。虽然人们经常对这些主动赠予的礼物感到不舒服，但似乎有一些人还是觉得有义务回赠一些东西。

慈善礼物的策略利用了我们最深层的

本能之一：互惠。如果有机会，大多数婴儿会把一片口水泡发的饼干或花瓣贴在任何对他们微笑的人身上——而友好地发起礼物交换的人很可能受益最大。

罗伯特·恰尔蒂尼（Robert Cialdini），一般被认为是杰出的社会科学家，他对于说服这一现象很有研究，他将互惠作为提高影响力的主要方法之一。根据恰尔蒂尼的说法，如果人们因为你过去为他们做的事情而欠你的人情，就会更愿意接受你的影响。不过，重要的是要确保他们领会到了你的善意。恰尔蒂尼说："不要说类似于'没什么大不了的'这样的话，要给你为对方所做的事

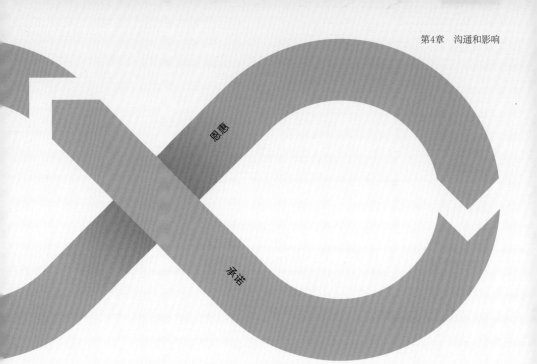

恩惠

承诺

贴上标签，比如可以说：'没问题，伙伴就该为对方这样做！'"恰尔蒂尼将这称为"铺垫工作"。当你以后需要支持的时候，人们会记起你为他们所做的事，为你做你所需要的"伙伴应该为对方做的事"。

承诺是另一个重要的方法，它被精心地隐藏在说服甜美的外表之下。如果你能让别人同意一个想法或行动，他们就有可能兑现自己的承诺。在20世纪60年代，伯尼·康菲尔德（Bernie Cornfeld）创办的投资者海外服务公司 IOS（Investors Overseas Services）的广告中有这样一句话："你真的想成为富人吗？"

谁能回答"不想"呢？但如果回答"想"，然后又拒绝听推销员为帮你实现这个目标而进行的推销，那是多么的不合情理。如果你能说服一个人自己自愿做出承诺，那就更好了。例如，在餐馆里，如果你想说服某人和你一起投诉，你可以说："我们的菜已经点了半个小时了。我们能有什么办法呢"。很多时候，对方的反应是"我们可以投诉呀"。

让一个人进行公开承诺是特别有效的。人们希望被人认为是合群和可靠的，而这一点使得他们非常容易成为别人利用的对象。

如果人们因
做了一些事
情，他们会
你的影响。

为你为他们
情而欠你的
更愿意接受

第15课　自信心

　　我在谷歌（Google）上搜索"如何提高你的自信心"，得到了1.29亿个结果。而搜索"如何提高你的能力"只得到150万个结果。为什么我们如此热衷于提高我们的自信心而不是提升自己的能力？

　　乍一看，答案似乎很明显：高自信与高社会地位、高收入和一般意义上的成功相关联。一个自信的人通常的形象是一个"自我感觉良好"的人——有风度、有魅力、冷静果断，不会自我吹嘘或贬低别人。这样的人具有积极思考、着眼于成功、挑战自己的极限、乐观、有明确的目标等优点。当然，我们都希望成为这样的人。

　　然而，所有这些理想的品质实际上并不是自信。在心理学上，自信意味着一个人在无法准确预测结果的情况下，对自己的能力、想法和判断的肯定程度。相信自己比别人强的人更容易被喜欢、被倾听、被提拔和被敬佩，无论他们是否具有其他迷人的品质。

　　如果这些人的信心是他们实际能力的体现，那么热衷于提高自信心似乎很有道理。向赢家看齐，希望我们也能像他们一样赢得胜利，这似乎是明智的。但有意思的是，有研究表明，在简单的能力测试中，一个人越是自信，他们的表现就越不理想。

　　高自信和低能力之间的奇怪联系被称为邓宁－克鲁格效应（Dunning-Kruger effect），这是以美国心理学家大卫·邓宁（David Dunning）和贾斯汀·克鲁格（Justin Kruger）的名字命名的。1999年，他们发现某些成绩特别差的学生认为自己比成绩好的同学更有能力，即使相反的结果明摆在眼前。（这里所提到的自信是指那些高估自己能力超过30％的人——那是我们的基准自信程度。人类似乎倾向于拥有不切实际的过高自信）。

在一个实验中，自信和不自信的人被邀请一起玩一个游戏，游戏内容是在未知的地区寻找道路。最自信的人很快就成了小组的领导者，其他人也倾向于接受他们的意见。研究人员认为这可能是因为自信的人更有说服力，使得其他人更容易接受他们的想法。仔细观察后发现，如果不太自信的人的想法被否定，他们往往会沉默，而自信的人则会用更多的想法来回击。

经过分析，很明显，这两种类型的人的想法的实际价值与他们对其价值的信心都不匹配。自信的人高估了自己想法的价值，而不自信的人则正好相反。有趣的是，事实证明，自信的人反而容易犯错——如果这个团队真的是在探索一个未知领域，那么最好还是由那些相对谨慎的人来领导。

以自我为中心的观念使自信的人认识不到自己的错误。当一项任务同时需要技巧（内部因素）和运气（外部因素）时，自信的人在成功时认为技巧是主要的决定因素，但在失败时会认为外部因素（运气）是主要原因。

挑战信心

过度自信的影响渗透到我们生活的方方面面。我们很容易被他人的自信所动摇，即使这种自信是毫无根据的。自信被赋予了过多的分量，人们不仅给予自信的人更高的地位，而且还更喜欢他们。

加利福尼亚大学的研究员卡梅隆·安德森（Cameron Anderson）注意到，在一项实验中，即便某些过度自信的学生被证明是在虚张声势，他们的同学也仍然认为他们很了不起。安德森说："最过度自信的人是最受欢迎的"。他随后分析了"受欢迎的人"的行为特点，发现这些人的主要特点是他们参与度更高，更放松——他们是真的相信自己，没有任何装腔作势。安德森说："人们很快就能发现虚假自信的'迹象'。如果一个人不是真的相信自己的能力，其他人就会注意到他游移的眼神和刻意提高的音量。"

虽然自信令我们向往，但过度自信可能会带来危险。从非常现实的角度来看，自信是造成两性薪酬不平等的一个关键因素——男性往往认为自己的价值更高，所以他们要价更高，而事实上，他们往往也会得到更多。

艾诺迪经济和金融研究所（EIEF）的杰弗里·巴特勒（Jeffrey Butler）教授提出，一些人的过度自信导致了恶性循环，使全球范围内的经济不平等现象难以改善。过度自信的人获得特权是因为他们（错误地）认为自己应该得到特权，而且在获得特权后，他们又将其看作他们应得的。相反，不太自信的人没有得到特权，因为他们认为自己没有这个资格，然后把没有得到特权当作自己不配拥有特权的证据。

为了测试这个想法，巴特勒找来了一些志愿者，随机分配给他们高薪或低薪来完成一项指定任务。高薪者和低薪者之间在能力上没有差异，但那些获得低薪的人认为他们表现不佳的可能性比那些获得较高报酬的人高20％。

所以，我们是应该通过那些谷歌搜索来的链接增强我们的信心，还是应该问问自己我们该对什么保持信心？

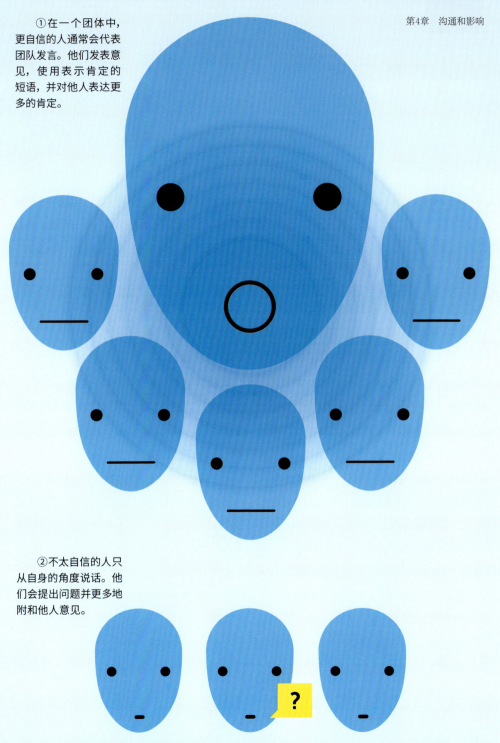

①在一个团体中，更自信的人通常会代表团队发言。他们发表意见，使用表示肯定的短语，并对他人表达更多的肯定。

②不太自信的人只从自身的角度说话。他们会提出问题并更多地附和他人意见。

第16课　风云人物

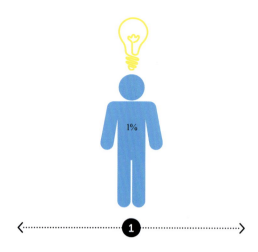

虽然"时尚"一词更多是服装的代名词，但人类生活的各个方面都受到它的影响。大多数建筑物可以根据建筑风格推断其大致年代，老照片里的发型让我们尴尬到无地自容，音乐、艺术、爱好、运动、美食、度假胜地、大学课程等，不管其内在价值如何，通常也都处在时而"流行"，时而"落伍"的状态。

任何事物要想成为一种潮流，必须要有适合的环境。一种观念只有在正确的时间被推广，人们对它已经有了思想准备，并且政治和社会情绪都有利的情况下才会大受追捧。潮流往往会经历五个阶段，由不同类型的人出于不同的原因推动。

（1）创新者

他们开发新的创意和产品可能是为了乐趣、金钱，也可能因为他们在其中看到了某种社会利益。创新者仅是极少数人——也许占人口的1%或更少，他们不是为了引领潮流，也不是为了让他们的创意流行起来。要想实现这一目标，他们需要激发和吸引其他人的兴趣。

（2）早期尝试者

他们才是真正的潮流引领者。他们自己不会提出新奇的创意，但他们能迅速发现并利用一个好的创意。他们的主要驱动力是社会地位——他们喜欢自己被认为是领袖和风云人物的感觉，于是他们经常在社交网络中发出响亮的"声音"，并希望拥有意见领袖或"专家"的名声。他们会努力寻求媒体的宣传，名人的跟风效仿，或者在适当的时候，由公共机构正式采用。大约13%的人是早期尝试者。

（3）早期多数派

这些人不是时尚的领导者，他们通常会等待并观望一个新创意或产品是否有价值。

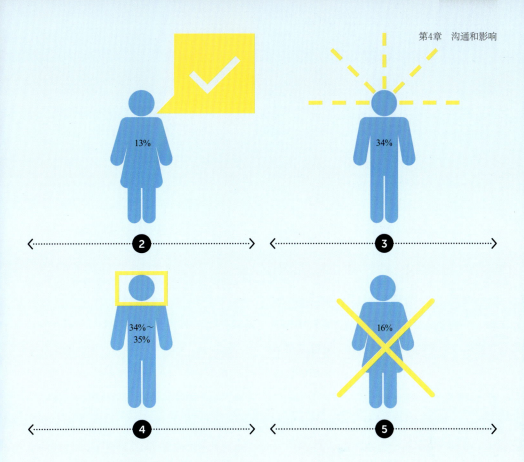

然而，他们会比大多数人更快接受并积极推广一个新创意或产品。大约34%的人属于这一类，他们对一个想法的接纳通常预示着商业狂热（如果是产品的话）和全球化的开始。

（4）后期多数派

这些人与早期多数派一样占总人数的34%左右。他们是保守的，害怕变化，通常会等到一个创意或产品经过很多人尝试和测试后再采用。他们往往对社会规范有很强的意识，他们在生活中通常循规蹈矩。要想吸引他们，往往需要淡化新颖的想法。

（5）落伍者

大约16%的人受传统束缚，非常保守。这些人非常抵触变化，往往会等到新事物已经不再新鲜时才会接受。一旦落伍者接纳了一种观念，就肯定表明有更新的东西已经出现了。

处于这五个阶段的人都反映了人格的不同方面：创造性、对社会地位的渴望、从众的倾向、自我保护的本能和谨慎的态度。这些类型的人口比例一般是相当稳定的，想法的传播可能与从第一个人类将兽皮裹在脚上，到莫卡辛软皮鞋开始流行的过程相类似。只是从过去到现在，时尚传播和更替的速度已经发生了巨大的变化。

快时尚

你还记得低腰裤吗? 这种20世纪60年代的标志性时尚单品深受战后的年轻人的喜爱，他们希望借此摆脱他们父母那样的沉闷着装。贾尼斯·乔普林(Janis Joplin)和吉米·亨德里克斯(Jimi Hendrix)等名人的影响力将这种裤子变成了一种潮流。这种潮流曾在20世纪70年代完全销声匿迹，但20年后，它又随着史蒂夫·麦昆(Steve McQueen)和超级名模凯特·莫斯(Kate Moss)的爆火而再度成为潮流。

潮流的流行和消失速度越来越快，当然是由于通信技术的发展。当消息传递的速度和马差不多快时，潮流的传播更像苔藓而不是病毒。例如，17世纪，法国国王路易十四(Louis XIV)为了掩饰脱发造成的秃顶戴上了假发。这种时尚在欧洲传播了大约100年后才达到顶峰，然后在接下来的100年里逐渐消失。

今天，时尚传播得更快，范围更广。精灵宝可梦游戏(Pokémon Go)在发行后的两周内就拥有了4500万用户，甚至怪异的动作

行为也能在一夜之间传播到很多人身边——以奇怪的骑马舞为特色的"江南 Style"视频已经有超过30亿次的播放量。

谁有影响力?

当今社会，潮流越来越多地由社交媒体网站发起和维持。病毒式营销，也被称为"口碑营销"，是一种以人们相互之间的推荐为核心的营销模式，它正在迅速取代传统的"自上而下"的营销。例如，脸书(Facebook)目前有超过20亿的活跃用户，每个人每天平均在网站上花费50分钟。脸书和其他社交媒体网站引领潮流的潜力是巨大的，并使潮流引领过程的第二个重要阶段——"早期尝试者"阶段——更容易被控制。

时尚新闻经常在脸书和推特(Twitter)上发布，《时尚》等杂志会与博主们合作，服装设计师们也可以通过网络直播他们的服装秀。

脸书每个用户平均有大约350个在线"好友"。即使他们中只有五分之一的人对某件事发表评论，甚至只是"点赞"，这意味着在几分钟内可能会有超过3000名其他用户收到提醒消息。了解"点赞"的人是谁变得很重要——只有当你影响正确的受众时，

影响力才能真正发挥威力。

研究人员对130万脸书用户的行为模式进行了抽样调查，以确定那些最有可能影响他人采用新产品的人。他们发现，年轻用户比老年用户更容易受到影响，男性比女性更有影响力，女性影响男性比影响其他女性更容易，而已婚人士最不容易受到影响。

一些潮流是通过口碑发展起来的，而另一些则是由有强大的社会影响力的人或机构发起的，例如政府、好莱坞或时尚界。虽然大型组织越来越多地使用"自下而上"的策略，如让人脉众多的个人或名人向他们所有的朋友推广一个创意或产品，但每一种潮流的增长模式都是不同的。

自上而下的潮流

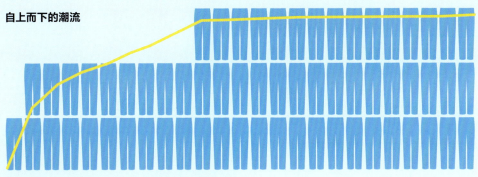

典型的自上而下的潮流显示出跟随者数量在潮流出现后急剧上升。

偏好潮流

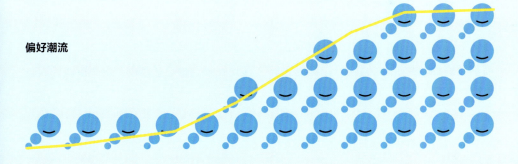

偏好潮流只由人们的偏好驱动。潮流的流行程度由于人们选择的差异而出现分化，流行程度开始上升得很慢——第一个人告诉了几个朋友，然后这些人中的每个人都告诉了自己的几个朋友。相对于全部人口，每个人的朋友数量相对较少；但到了某一时刻，增长会迅速加快。假设每个人有5个朋友，在第一阶段，只有6个人参与；第二阶段增加25人，第三阶段再增加125人，潮流所影响的人数以几何级数增长。于是，这个创意就"流行"起来了。

工具包

13

　　人们通常在不同的自我状态之间来回切换，最常见的是儿童、父母和成人三种自我。成功的对话通常来自对话双方"成人自我与成人自我"或"父母自我与儿童自我"的交流。认识到这些原则有助于建立更好的动态关系。

14

　　如果人们觉得自己欠对方什么，并且承诺要为对方做什么或给对方什么，那么他们就更有可能遵从对方的愿望。

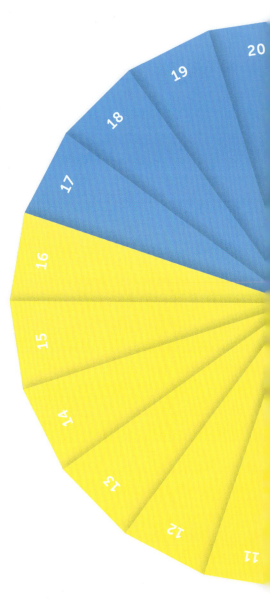

15

　　自信的标志是放松和社会交往。这些特征有助于实现一种信息的传递，人们为之而吸引并产生信任。

16

　　新的发明或发现在被"早期尝试者"——那些在朋友网络中处于核心地位的人——使用时才会流行起来。挑选早期尝试者可能会成为你的创意推广的关键。

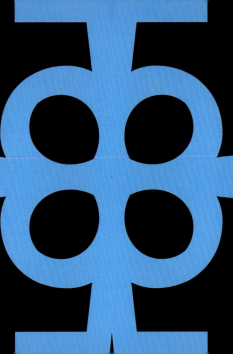

第5章

解读社会

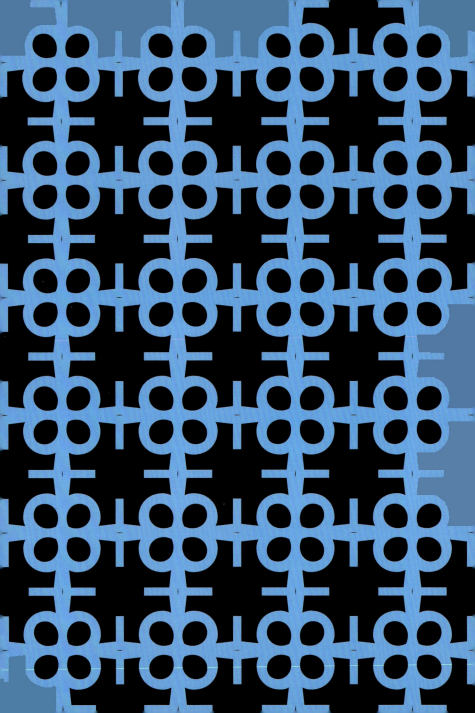

第17课　群体

所有的人都有某些基本需求，而这些需求单靠个人是无法满足的。人们需要与他人进行联系，人类社会的结构反映了这一点。每个人都是一个群体的一部分，而这个群体又必然是一个更大的群体的一部分。

就像天上随风飘荡的云，人类群体不断地形成、瓦解和重组。少数的群体飞得很高，而且界限分明，其他群体则飘忽不定，昙花一现。即使是最大的帝国也可能突然分崩离析，而最小的国家也可能持续几个世纪。有基于地理位置的巨大群体，也有基于信仰的群体；有基于共同利益的群体，如农业或体育；有基于种族、血缘或年龄的群体；还有在近距离环境中形成的微小群体，如邻里或读书俱乐部。

美国心理学家亚伯拉罕·马斯洛（Abraham Maslow）绘制了著名的人类需要五层金字塔，说明了为什么人们不会游离于社会之外。他将我们的基本需要（每个生物都有相同的需要）描述为生理需要：空气、食物和水——这些是生存的基本条件。在此之上是安全需要：我们要确保长期生存所需要的安全感，如住所和免于敌人伤害的保护。接下来是归属与爱的需要：家庭的爱、朋友的支持和融入社会的感觉。之后是尊重需要：希望得到自己和他人的尊重。最后，在金字塔的顶端，是马斯洛所描述的自我实现的需要：人类有自我实现的动力——无论这意味着发明或创造的满足、寻求精神成长、智力探索、还是仅仅获得一种满足感。

除了最不幸的人之外，几乎所有的人都能满足基本的生理需要，但我们中很少有人能达到自我实现的光辉顶点（马斯洛本人计算过，只有十分之一）。大多数人处于金字塔的中间层。

马斯洛在1943年提出了这一理论，但它很少被客观地检验过。2011年，伊利诺伊大学（University of Illinois）的研究人员仔细分析了过去五年间从150多个国家收集的数据，并重点关注人们的感受与马斯洛需要层次理论的匹配程度。研究人员发现马斯洛的理论大致正确，在世界各地的文化中，人们生理和安全的基本需要的满足程度与他们的幸福相关。此外，研究还发现，两个中间需要——归属与爱和尊重——实现了从幸福到"真正的幸福"的飞跃。换句话

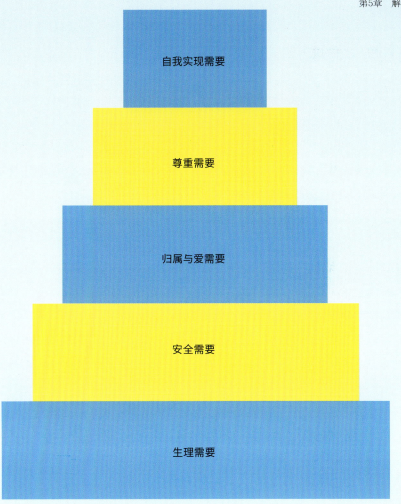

自我实现需要

尊重需要

归属与爱需要

安全需要

生理需要

说，安全和有保障使我们幸福，但与其他人的互动使我们感到真正的幸福。也许这就是为什么很少有人能向自我实现阶段迈进的原因——我们更喜欢与别人待在一起，将自己置于人群之中。

150法则

一般来说，一个物种在食物链中的地位越高，其成员就越不需要抱团生存。顶级捕食者——像鲨鱼这样没有天敌的动物——往往是独行侠。相比之下，那些经常有可能成为别人晚餐的动物则通常都是成群结队地生活。

人在食物链中的位置是很难定义的。我们在技术方面的高超能力使我们成为顶级捕食者，但如果拿掉我们的武器装备，我们就会滑向食物链底端。当人被武器装备起来的时候，可能会像老虎那样趾高气扬，而当人赤身裸体和感到害怕的时候，又会像绵羊一样成群结队。

人类非常适合另一种群体类型——狼群。

狼群与兽群不同。在兽群中，每个个体都遵守一个简单的规则："别人跑，我就跑"。相比之下，狼群有自己的目标，个体之间相互配合以实现这些目标，由此来确定他们在群体中的位置："那一只跑的时候我就跑，但如果另一只也跑，我就不跑了——除非另一只也不跑。"这有点像体育——在足球比赛中，赢得比赛的关键在于总体计划，而每个人都负责自己的任务，或射门或救球，但每一个人都必须与其他人合作来完成自己的任务。

鉴于在一个群体中工作的复杂性，如果你了解与你共事的人，就会对你有很大的帮助。每一个社会关系都被编码为一个人大脑中的电活动模式。这些模式在身体的"线路"上运行，负责维持的神经元位于大脑的

新皮质中——从进化角度是人类大脑皮质进化的最新区域。因此，一个人能够维持的关系的数量受到其神经线路的复杂性和范围的限制。与其他动物相比，人类虽然有较大的新皮质，但它也无法应付无限量的社会信息。

这一社会认知的局限性决定了人作为一个稳定的个体单位所能维持的群体的最大规模大约是150人。这个数字已被称为邓巴数字（Dunbar's number），是以牛津大学的人类学家罗宾·邓巴（Robin Dunbar）的名字命名的。他通过社会大脑理论得出了这个数字，该理论认为灵长类动物社会群体的大小与它们大脑的大小直接相关。邓巴通过灵长类动物和人类新皮质的平均大小，计算出了这一数字，然后与真实人类群体的大小进行核对，发现有许多吻合之处。150人大约是生活在未受社会工程影响的村庄的平均人数，也大约等同于一般军事单位的规模。

"150法则"现在被广泛用于企业管理中。甚至在邓巴的研究之前，美国制造商戈尔特斯（Gore-Tex）就已经通过反复试验发现，当一个生产单位的员工达到150人时，最好不要再扩大它，而是在其他地方再建立一个新的单位。

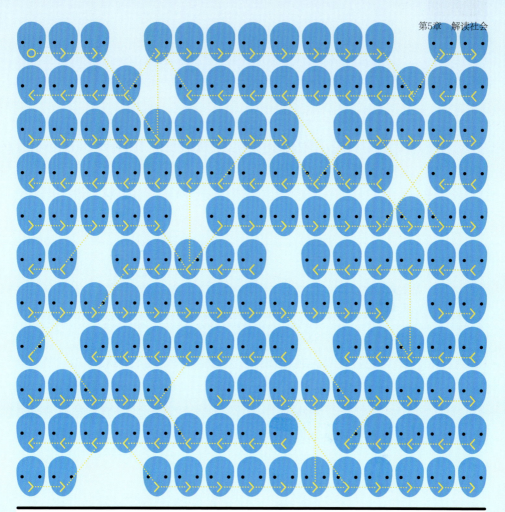

　　值得注意的是，150人是邓巴计算出来的我们能够维持的最大群体规模，而不是最佳规模。灵长类动物通过互相梳理毛发来维持它们的社会关系，群体规模越大，它们花在从彼此的毛发中捉寄生虫的时间就越长。灵长类动物的这个行为相当于人类的闲聊。当邓巴计算一个150人的人类群体的成员花在互相关注上的时间比例时，他得到的结果是42%。2014年，一项对不同行业的3000名工人的调查发现，这正是办公室里的人花在闲聊上的时间比例。

第18课　家庭

家庭是每个社会中最基本的群体。无论家庭的形式如何，无论其成员之间的关系是疏远还是紧密（如核心家庭），几乎每个人都有自己的家庭，并在家庭中长大。

家庭的普遍性反映了人类对保护性纽带的原始需求。与其他一些物种不同，人类的婴儿在出生时是没有自理能力的，因此随着时间的推移，人类已经进化出一种强大的机制，使婴儿与他们的母亲保持紧密联系。鉴于婴儿的母亲也需要保护，同样的机制鼓励血亲们形成一个紧密的、相互保护的群体。有时，人们还会把朋友，甚至是宠物都纳入这个神奇的圈子里。这种机制基本上是化学性的——靠的是一种叫作催产素的激素。

尽管催产素"只是"一种化学物质，但它可以被认为是家庭的创造者。催产素被称为"拥抱"激素，每当人们感到亲近时，特别是通过身体爱抚来表达这种亲近时，大脑就会分泌催产素。在性生活和分娩时会释放催产素，在每次母亲和婴儿接触时也会释

放。触摸和爱抚你所爱的人可以提高你体内的催产素水平，这反过来又可以降低压力激素的水平并降低血压。催产素甚至在抚摸宠物时也发挥作用——对宠物的影响和对人的效果相似！

催产素的作用之一是扰乱我们对身体边界的正常意识。当人们的催产素水平很高时，通常会感觉到自己好像已经与对方"融合"成一个单一的、温暖的整体。

然而，当催产素水平下降时发生的情况才真正使人类的联系如此有效。

尽管人类婴儿是不能自理的，但他们也有自己的诀窍：一旦他们的催产素水平下降（在没有被主动照顾时就会发生），他们就会产生心理学家所说的"社会释放"行为，最明显的表现是哭泣。这种非常特殊的声音的目的是让照顾者马上回到婴儿身边，给婴儿安慰或食物。一旦父母来到婴儿身边，婴儿的催产素水平就会上升，同时父母的催产素水平也会上升。当亲子双方沐浴在这温暖的

激素中时，就会感到平静，但是一旦他们分开，他们的催产素水平又开始下降，只有通过恢复接触才能停止催产素水平下降。当成年人坠入爱河时也会出现类似的效果。催产素创造出这样的模式——从接触中获得化学"快感"，然后是分离时的"渴望"，接着是重逢时的"满足"——与药物成瘾的原理相似。

依恋模式

通过亲情促进催产素的释放对你的人际关系、压力水平和健康可能都有好处。一些研究发现，催产素能加速伤口愈合，甚至可以让你在你的伴侣眼中看起来更有吸引力! 一项研究发现，人为地提高男性的催产素水平使他们更喜欢自己的伴侣，从而在一定程度上降低了他们移情别恋的可能性。

催产素最重要的功能是赋予婴儿一种安全感，这也是他们生命中的一个坚实的情感基础。催产素在父母和孩子之间进行的二重奏，确保孩子至少有一个可靠的依恋对象——一个可以依赖，满足他们需求的人。

已故的约翰·鲍尔比(John Bowlby)是人类依恋领域的权威专家。根据他的说法，当儿童最初有了良好的建立情感纽带的经历时，就会在他们心中形成一个积极的内部社会"工作模型"，该模型由三个信念组成:

（1）人们是值得信赖的。

（2）他们(婴儿) 本身有价值。

（3）他们能对他人产生影响。

如果这种模型没有正常形成，就会对儿童此后的社会和情感行为产生不利影响。鲍尔比的同事、精神病学家玛丽·安斯沃斯(Mary Ainsworth)描述了三种不同的依恋类型:

（1）安全型。

（2）焦虑 - 抵抗型。

（3）焦虑 - 回避型。

她将一岁的婴儿放在一个陌生的地方，与母亲短暂地分开，从而得出了这些结论。

有安全感的孩子（大多数）在被独自留下时感到不安，但当母亲回来时，他们会高兴地与母亲团聚，并很容易得到安慰。焦虑－抵抗型孩子（大约五分之一）在分离时变得非常痛苦，即使当母亲回来时也很难安抚，而且似乎很生气，好像是想要惩罚母亲的离开。焦虑－回避型的孩子在分离过程中并不显得太过痛苦，但在重逢时却主动回避与母亲的接触，有时会将注意力转向游戏物品。

这些依恋类型似乎会伴随终身。有安全感的婴儿成长为有安全感的成年人，能够形成基于信任的健康关系。焦虑－抵抗型的婴儿容易成为黏人或容易嫉妒的成年人，渴望接触，又对自己的需求感到愤怒。焦虑－回避型婴儿长大后很难对他人产生依恋，而且经常感到疏远。

依恋模式也与人们的商业行为有关。它影响着管理者与下属之间是亲密还是疏远，是直接沟通还是间接沟通，是微观管理还是授权管理，是鼓励辩论还是拒绝辩论。

催产素系统是维持人与人之间联系的一种有效方式。如果它出了问题，其影响会绵延至几代人。值得高兴的是，那些因为自己的成长经历而发现难以建立情感纽带的人，可以通过"假装"正常的密切联系来防止将他们的不幸传给后代——这个过程最终也会让他们自己受益。

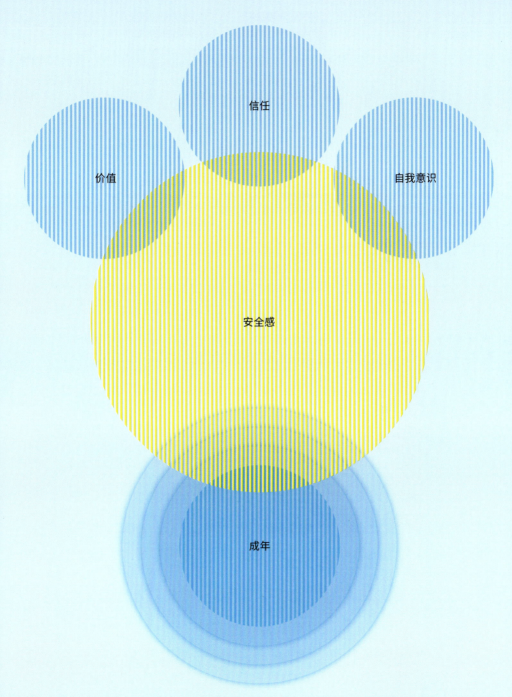

113

人是具有
身处一个
的群体中
种温暖的

社会性的，有凝聚力会给人一感觉。

第19课　群体思维

1961年4月，美国前总裁约翰·肯尼迪（John Kennedy）命令美国军队入侵古巴。美军打算从古巴领导人菲德尔·卡斯特罗（Fidel Castro）手中夺取权力，那时美军认为，战胜古巴就像一个成年人从婴儿手中夺走拨浪鼓一样简单。三天后，行动结束了，但结果并不像肯尼迪的团队所预测的那样。美军没有取得胜利，反而被古巴军队打得落荒而逃。

美军后来的分析认为，惨败的根本原因是"群体思维"——团体不允许独立或批判性思维去破坏共识。肯尼迪的团队毫无质疑地采纳了中情局的入侵计划，而中情局自己似乎也忽略了其中的一些十分明显的问题。于是，团队成员互相打气，创造了一个不切实际的成功期望。团队中那些怀有疑虑的人顺从了大多数人的意见，而部门外的专家则被忽视或解雇。群体思维是美军失败的原因之一。

1952年，作家威廉·H.怀特（William H. Whyte）创造了群体思维一词，他将其比作乔治·奥威尔（George Orwell）的小说《1984》中的"新语（Newspeak）"一词。他写道，群体思维不是单纯的顺从，而是"理性的顺从——一种开放的、明确的哲学，它认为群体价值观不单单是权宜之计，还应该是正确的、良好的"。

当人们非常想同意对方的观点时，就会出现群体思维。这种情况十分常见，因为人是具有社会性的，身处一个有凝聚力的群体中会给人一种温暖的感觉。

这种与母亲和婴儿的关系非常相像的感觉并非巧合。创造母子关系的生物机制——催产素——可能是导致群体思维的主要"元凶"之一。研究表明，这种激素促进了体育和商业中密切的团队合作，并迅速在同一阵营的人群中建立起忠诚度。它鼓励人们相互信任、共情、分享和协助。

然而，催产素也有黑暗的一面。它也会造成对群体以外的人的不信任（甚至可能是仇恨）。在某些情况下，它还会引发嫉妒、对他人的幸灾乐祸和攻击。

因此，如果你身处于一个受催产素影响而聚集在一起的群体之中，最好不要让自己被排斥。如果保持与同事的关系的代价是停止批判性的思考，大多数人似乎很愿意付出这种代价。

在和谐氛围中紧密联系在一起的群体成员通常会避免任何可能扰乱他们宁静的事情。该群体将自己与持不同意见的外人隔离开来，沉迷于自我陶醉式的言论。这样的群体有一种危险的倾向，即高估自己的力量，低估竞争对手。

不可战胜的错觉

群体思维最明显的危险信号之一是一个群体开始进行自我吹嘘的宣传。这可能是一次有意的尝试，为了让群体外的人认为这个群体比他们更好。例如，一家小公司发布的广告可能会暗示他们比现在的规模大得多，希望以此吸引更多业务，否则这些业务可能会被更大的竞争对手抢走。而当这个群体（或公司）开始相信他们自己吹嘘出来的说法时，衰败就开始了。

研究员杰克·伊顿（Jack Eaton）指出，20世纪90年代末，英国零售巨头玛莎百货（Marks and Spencer）经历了股价暴跌，在此过程中媒体操纵发挥了重要作用。该公司发布的新闻稿中包含了大量的正面报道，将

其与国家的骄傲和优越性联系起来。对这些宣传最深信不疑的人似乎是董事会成员自己，伊顿称他们产生了一种"不可战胜的错觉"。他们的自信心让他们启动了灾难性的扩张战略，结果导致公司的股价在一年内从590美元暴跌到不足300美元。

群体思维导致大规模灾难的案例常被人们拿来进行识别和分析，但群体思维现象不管是在晚餐桌上还是在会议室都一样屡见不鲜。每当一小群人带着良好的愿望和共同的目标走到一起时，群体思维就很容易出现。如果目标是微不足道的，例如从菜单上选择一瓶酒或导航回家的最佳路线，这似乎还无伤大雅，保持共识的快乐或许值得喝下一杯劣质的酒或在路上堵上10分钟。但是，"为了生活愉快"而达成一致可能会轻易成为一种习惯，当目标事关重大时，这种习惯也会占上风。事实上，群体生活越愉快，群体思维造成可怕后果的潜在风险就越大。

精神病学家所罗门·阿希(Solomon Asch)在20世纪50年代的一系列实验中对群体思维做了最清晰的展示。在一个典型的实验中，他将八个人聚集在一个房间里，其中七个人是安排的演员，只有一个人才是真正的实验对象。这个人被告知其他人也是志愿者。阿希将这群人排成一

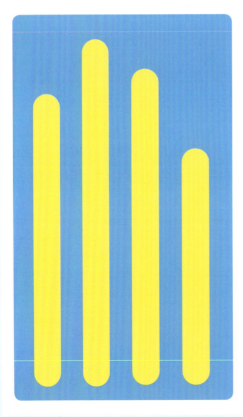

排，让他们一个一个地判断哪条线最长。

真正的"志愿者"排在队伍的最后。在他作答之前，七名安排的演员给出了明显错误的答案。实验所要关注的问题是：第八个人会怎么说? 在这一系列的试验中，大约30％的实验对象加入了演员的行列，给出了一个错误的答案。之后，当他们被告知了实验的真相时，他们给出了以下三种解释：

(1)他们真的是按照线的长度在判断。

(2)他们看到了正确的答案，但不敢确定，因为其他人看到的都不一样。

(3)他们知道自己的答案是错的，但却同意其他人的观点，因为他们害怕成为不合群的人。

阿希的实验在全世界被重复了数百次，都得到了相似的结果，但顺应群体的人的比例有很大不同——根据文化的不同，从15％～58％不等。来自崇尚个人主义文化地区(如美国或西欧)的人更有可能在群体压力下给出正确的答案，而来自传统的集体社会的人(如日本和印度)则更有可能顺从。

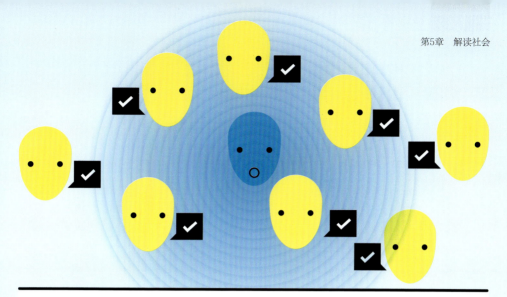

如何防范群体思维

（1）对团体内夸张的一致性和相互崇拜的情况保持怀疑。注意当有人说话时有多少人点头，并计算人们相互祝贺的次数。这些是否超出了正常谈话时的范畴？

（2）注意外部压力因素——这时团体对紧密团结的需求最高，人们最不可能做任何破坏性的事情。

（3）如果你是一个小组的领导者，在其他人发言之前不要发表自己的意见。群体思维特别容易出现在领导先发表意见的团体中。

（4）不要对权威过度尊重。

（5）在小组聚会之外与小组成员交谈——当对集体分歧的恐惧减少时，批评才更有可能被表达出来。

（6）说一些有悖于共识的不同意见——有可能会让其他人勇于自由发言，然后辩论就随之而来了。

（7）让那些群体以外的人不是特别想成为群体一员的人加入群体中来。他们会有不同的观点，他们不会刻意附和同意主流意见，也不太在乎被排挤出去。

（8）邀请外部专家在小组中发言，鼓励成员自己做研究，不要依赖共享的信息来源。

（9）如果小组够大，项目周期够长，就成立一个小组委员会，听取小组成员的建议。即使小组只有两个人也会比一个人听到更多的意见。

第20课　人群

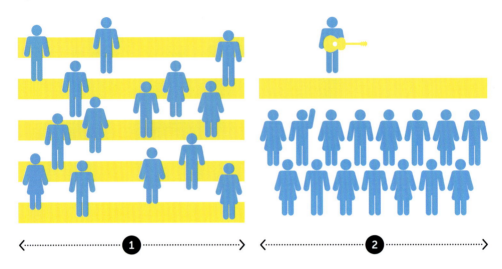

被"卷入"人群之中可能是快乐的，也可能是可怕的。如果在音乐会上挥舞手机，或在嘉年华上跟在花车后面跳舞，你会感到快乐；如果在逃离火灾的人群中跌跌撞撞，你会感到害怕。

当情绪在人群中被放大，极端行为就可能出现。你甚至可能发现自己做了一些自己一个人时根本不可能做出的事情。有时，人群似乎是一个实体，与置身其中的人无关。

法国博学家古斯塔夫·勒庞（Gustave le Bon）在其1895年的著作《乌合之众：大众心理研究》（*The Crowd：A Study of the Popular Mind*）中首次正式提出了"群体心理"的概念。根据勒庞的说法，人群中的个人"……不再是他自己，而是变成了一个不再服从自由意志的自动化的人……他拥有原始人的自发性、暴力、凶猛以及狂热和英雄主义"。

从那时起，集体行为的动力机制得到了极大的完善，现在人们知道，需要几个因素才能产生勒庞所描述的"原始"实体。人群有几种不同的类型，每一种都表现出不同的行为。

1. 临时人群

临时人群是大量碰巧在同一时间出现在同一地点的人。他们并不认为自己身处一

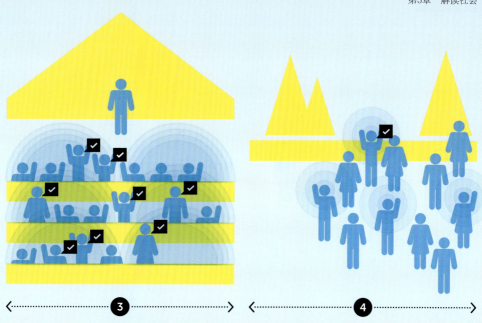

个人群，也没有特别意识到自己是人群的一个组成部分，尽管（大多数人没有意识到）相当复杂的集体行为可能正在发生。例如，繁忙的人行道上的行人要遵守相当复杂的规则，才不会发生碰撞。

2.传统人群

传统人群是围绕一个中心点（如电影或音乐会）聚集起来的，但作为人群的一分子，他们每个人都并不是焦点。

成员彼此之间或多或少都是中立的，共同的情感表达通常不会出现——尽管它可能表现为鼓掌或其他"传统"的观众行为。这样的人群在活动之外没有共同的目标，一旦活动结束就会散去。

3.表达型人群

表达型人群主要由为了表达共同拥有的一种或多种情感而聚集的人组成。尽管他们经常聚集在一些中心点或事件周围，但大多数参与者的主要动机是想成为人群的一部分。没有了人群，活动就毫无意义。成员希望在一致的背景下去表达他们的感受：欢呼、鼓掌或吟唱。即便人群的目的是抗议，所产生的情绪一般也是积极向上和鼓舞人心的。

4.活跃人群

活跃人群聚集在一起，意图成为事件

的主角。例如，"快闪族"是指一大群突然聚集在公共场所进行表演的人——他们事先被组织起来，但彼此之间没有其他联系。

除了攻击性活跃人群，大多数活跃人群形成后，如果达到他们聚集的目的，通常就会散去：他们没有任何内在的不稳定或威胁性。然而，在某些情况下，活跃人群也很容易突然出现情绪和行为的极端变化。

人群传染

1963年，在甲壳虫乐队（the Beatles）首次登上流行榜榜首后不久，筹办人安迪·洛锡安（Andi Lothian）为他们安排了在格拉斯哥（Glasgow）的奥德恩（Odeon）剧场的演出。当他们上台时，观众们爆发了骚乱，洛锡安将其描述为"绝对的骚乱，整个大厅内

的人陷入了几乎像集体催眠一样的状态"。

从那时起，"甲壳虫狂热式"的行为已经成为某些活动中的一种公认准则。然而，即使是最激动的粉丝，如果他们是独自观看表演，也会犹豫是否要尖叫呐喊。

当以下两个或两个以上的条件适用时，就可能会发生从和平集会到狂热暴徒的转变：

（1）情绪被煽动起来。

（2）外部威胁或危险（不论真假）。

（3）外部施加的对立情绪或反对。

（4）模仿——人群中的一个人做了一些非同寻常的事情，其他人纷纷效仿，并认为在目前的情况下这是"正常"的行为。

这些条件会激发我们的情绪，而情绪一旦被调动起来，便会以闪电般的速度在人群

人群的行为往往看起来很危险、很激进，但在这样的集体内也有智慧。在某些情况下，一群人甚至比最聪明的个体展现出更高的智慧。事实上，如果群体中的某个人错误地表现出对某个问题很擅长，而其他人又顺着他们的想法走，那么更大的错误就会发生，因为错误被放大了。

而如果人群中的个体彼此差别很大，信息来源不同，而且没有聚在一起形成群体意见，那么也会有好处。瑞士联邦理工学院（Swiss Federal Institute of Technology）的实验发现，当一群人被问到一个他们无法准确回答的问题时，例如一条河流的精确长度，当他们讨论这个问题时，他们答案的范围就会变窄，而且他们的答案通常和正确答案相距甚远。如果这些人没有在一起讨论，而只是各自猜测，那么答案的范围会更大，但是范围的中心通常是比较接近正确答案的。

中传播——特别是在置身其中的人已经提前做好了心理准备的情况下。这种效应被称为"传染"，可能是由于我们大脑的镜像神经元的作用，它比语言更快地传递情感。传染是一种强大的生存技巧，而且能迅速激活。

情绪在有大量参加者的集会等类似场景中被利用，以促进参与者形成一种集体认同。例如，在政治竞选活动中，候选人经常营造一种存在共同威胁的感觉，寻求通过恐惧或怨恨等情绪将人们团结起来，然后将自己定义成为救星。

工具包

17

　　人类群体的规模受限于每个人能够处理的关系数量。群体保持联系的一种方式是闲聊，相当于其他灵长类动物的互相梳理毛发等行为。这些联系有助于我们确定行为，并在某些情况下影响行为。

18

　　家庭是普遍存在的最紧密的社会群体。让近亲之间关系紧密的黏合剂是一种叫作催产素的激素，当人们靠近自己的亲人时，催产素水平会上升，当他们分开时，催产素水平会下降。高水平的催产素会产生一种温暖和安全的感觉，所以它是家庭成员之间保持关系的纽带。

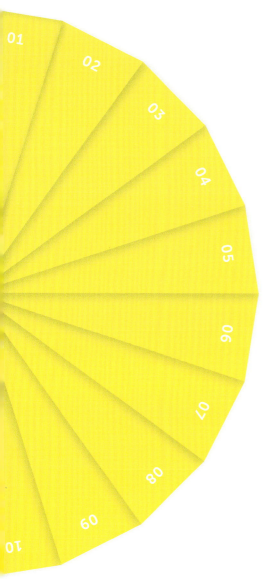

19

我们有着强烈的想要置身于群体之中的需求，以至于我们经常改变自己的看法和意见，去迎合大多数人的想法。这被称为"群体思维"，当群体思维出现在重要场合时——例如在军事决策或政策制定时——后果可能是灾难性的。

20

如果某些因素正好合适，情绪被唤起，受到挑战，或者在有人模仿群体中某人的极端行为时，人群就可能爆发极端暴力行为。了解人群行为对于行为预测至关重要。

参考阅读

《第一印象心理学：你都不知道别人怎么看你》(*First Impressions : What You Don't Know About How Others See You*)，安·德玛瑞斯(Ann Demarais)和瓦莱丽·怀特(Valerie White)，(班坦图书公司，2005年)

《情绪的解析：理解面相和感觉》(*Emotions Revealed : Understanding Faces and Feeling*)，保罗·艾克曼(Paul Ekman)(Orion 出版社，2003年)

《身体语言密码》(*The Definitive Book of Body Language : How to Read Others' Attitudes by Their Gestures*)，亚伦·皮斯(Allan Pease)和芭芭拉·皮斯(Barbara Pease)(Orion 出版社，2017年)

《日常生活中的自我呈现》(*The Presentation of Self in Everyday Life*)，欧文·戈夫曼(Erving Goffman)(企鹅出版社，1990年)

《达人选：肢体语言》(*Body Language for Dummies*)伊丽莎白·库恩克(Elizabeth Kuhnke)(约翰·威利父子出版社，2015年)

《人格：认识自己，做更好的你》(*Personality : What Makes You the Way You Are*)，丹尼尔·内特尔(Daniel Nettle)(牛津大学出版社，2009年)

《本来的你：人格的新科学》(*The People You Are : The New Science of Personality*)，丽塔·卡特(Rita Carter)(利特尔＆布朗出版社，2014年)

《盲目：关于自闭症和心智理论的论文》(*Mindblindness : An Essay on Autism and Theory of Mind*)，西蒙·巴伦－科恩(Simon Baron-Cohen)(麻省理工学院出版社，1997年)

《人间游戏：人际关系心理学》(*Games People Play : The Psychology of Human Relationships*)，艾瑞克·伯恩(Eric Berne)(企鹅出版社，1973年)

《人性的弱点》(*How to Win Friends and Influence People*)，戴尔·卡耐基(Dale Carnegie)(Vermilion 出版社，2006年)

《以大制胜》(*Win Bigly : Persuasion in a World Where Facts Don't Matter*)，斯科特·亚

当斯(Scott Adams)(企鹅出版社, 2017年)

《社群的进化》(*How Many Friends Does One Person Need?*), 罗宾·邓巴(Robin Dunbar)(费伯·费伯出版社, 2011年)

《人类的算法》(*The Human Story*), 罗宾·邓巴(Robin Dunbar)(费伯·费伯出版社, 2004年)

《妈妈的心灵课——孩子、家庭和大千世界》(*The Child, the Family, and the Outside World*), D.W. 温尼科特(D.W Winnicot)(企鹅出版社, 2000年)

《乌合之众: 大众心理研究》(*The Crowd : A Study of the Popular Mind*)古斯塔夫·勒庞(Gustave le Bon)(Sparkling Books 出版社, 2009年)

参考文献

Ambady, Nalini, and Skowronski, John J. (eds) *First Impressions* (Guilford Press, 2008)

Ariely, Dan *Predictably Irrational: The Hidden Forces That Shape Our Decisions* (Harper, 2009)

Baron-Cohen, Simon *The Essential Difference: Men, Women and the Extreme Male Brain* (Penguin, 2012)

Byron, Christopher M. *Testosterone Inc: Tales of CEOs Gone Wild* (Wiley, 2008)

Carré, Justin M., and McCormick, Cheryl M. *'In your face: facial metrics predict aggressive behaviour in the laboratory and in varsity and professional hockey players.'* Proceedings of the Royal Society B 2008; 2785(1651).

Choleris, Elena, Pfaff, Donald W., and Kavaliers, Martin Oxytocin, *Vasopressin and Related Peptides in the Regulation of Behavior* (Cambridge University Press, 2013)

Cialdini, Robert *Pre-Suasion: A Revolutionary Way to Influence and Persuade* (Random House Business, 2016)

Clearfield, Dylan *Micro-expressions: Reading Anyone's Secret Thoughts* (G. Stempien Publishing Company, 2015)

Costa, Paul T., and Widiger, Thomas A. (eds) *Personality Disorders and the Five-Factor Model of Personality* (American Psychological Association, 2012)

Dael, N., Mortillaro, M., and Scherer, K.R. *'Emotion expression in body action and posture.'* Emotion 2012; 12(5):1085–1101.

Daniels, David, and Price, Virginia *The Essential Enneagram: The Definitive Personality Test and Self-Discovery Guide* (HarperOne, 2009)

Draper, Michael *How to Analyze People: Analyze & Read People with Human Psychology, Body Language, and the 6 Human Needs* (CreateSpace Independent Publishing Platform, 2015)

De Raad, Boele, and Perugini, *Marco Big Five Assessment* (Hogrefe & Huber, 2002)

Doherty, Martin J. *Theory of Mind: How Children Understand Others' Thoughts and Feelings* (Psychology Press, 2008)

Ekman, P., Friesen, W.V., O'Sullivan, M., et al. *'Universals and cultural differences in the judgments of facial expressions of emotion.' Journal of Personality and Social Psychology* 1987; 53(4):712–17

Fischhoff, B., Slovic, P., and Lichtenstein, S. *'Knowing with certainty: The appropriateness of extreme confidence.'* Journal of Experimental Psychology: Human Perception and Performance 1977; 3(4):552–64

Garhart Mooney, Carol *Theories of Attachment: An Introduction to to Bowlby, Ainsworth, Gerber, Brazelton, Kennell, and Klaus* (Redleaf Press, 2009)

Gillibrand, Rachel *Developmental Psychology* (Pearson, 2016)

Gilovich, Thomas. *How We Know What Isn't So: Fallibility of Human Reason in Everyday Life* (Free Press, 1993)

Gilovich, Thomas, and Ross, Lee *The Wisest One in the Room: How To Harness Psychology's Most Powerful Insights* (Oneworld Publications, 2016)

Hadnagy, Christopher *Social Engineering: The Art of Human Hacking* (John Wiley & Sons, 2010)

Hallinan, Joseph T. *Why We Make Mistakes: How We Look Without Seeing, Forget Things in Seconds, and Are All Pretty Sure We Are Way Above Average* (Broadway Books, 2010)

Hassin, R., and Trope, Y. *'Facing faces: Studies on the cognitive aspects of physiognomy.'* Journal of Personality and Social Psychology 2000; 78(5):837–52

Hinshelwood, R.D., Robinson, Susan, and Zarate, Oscar. *Introducing Melanie Klein: A Graphic Guide* (Icon Books Ltd, 2011)

Howard, Pierce J., and Mitchell Howard, Jane *The Owner's Manual for Personality at Work: How the Big Five Personality Traits Affect Performance, Communication, Teamwork, Leadership, and Sales* (Bard Press, 2000)

Hurlemann, Rene, and Grinevich, Valery *Behavioral Pharmacology of Neuropeptides: Oxytocin (Current Topics in Behavioral Neurosciences)* (Springer, 2017)

Keating, C.F. *'Gender and the Physiognomy of Dominance and Attractiveness.' Social Psychology Quarterly* 1985; 48(1):61–70

Kroeger, Otto, and Thuesen, Janet M. *Type Talk: The 16 Personality Types That Determine How We Live, Love, and Work* (Dell, 2013)

Lapworth, Phil, and Sills, Charlotte *An Introduction to Transactional Analysis: Helping People Change* (Sage Publications Ltd, 2011)

Lefevre, C.E., Lewis, G.J., Perrett, D.I.,et al *'Telling facial metrics: facial width is associated with testosterone levels in men.' Evolution and Human Behavior* 2013; 34(4):273–79.

Loeb, Daniel E *Deception Detection: A Pocket Guide to Statement Analysis, Micro-expressions, Body Language, Interviews and Interrogations.* (CreateSpace Independent Publishing Platform, 2013)

Lowe, Gordon R. *'Eye colour and personality.' Personality and Individual Differences* 2010; 49(1): 59–64.

Martin, Everett Dean *The Behavior of Crowds; A Psychological Study* (Martino Fine Books, 2014)

McGarty, Craig (ed) S*tereotypes as Explanations: The Formation of Meaningful Beliefs about Social Groups* (Cambridge University Press, 2002)

Mcraney, David *You Are Not So Smart: Why Your Memory Is Mostly Fiction, Why You Have Too Many Friends On Facebook And 46 Other Ways You're Deluding Yourself* (Oneworld Publications, 2012)

Nahai, Nathalie *Webs of Influence: The Psychology of Online Persuasion* (Pearson Business, 2017)

Penton-Voak, L.S., Jones, B.C., Little, A.C., et al. *'Symmetry, sexual dimorphism in facial proportions and male facial attractiveness.' Evolution and Human Behavior* 1999; 20(5):295–307.

Pitterman, Hallee, and Nowicki Jr, Stephen. *'A Test of the Ability to Identify Emotion in Human Standing and Sitting Postures: The Diagnostic Analysis of Nonverbal Accuracy-2 Posture Test (DANVA2-POS).' Genetic, Social, and General Psychology Monographs* 2004;130(2):146–62.

Rauthmann, J.R., Seubert, C.T., Sachse, P., et al. *'Eyes as windows to the soul: Gazing behavior is related to personality.'* Journal of Research in Personality 2012; 46(2): 147–156.

Reason, James *Human Error* (Cambridge University Press, 1991)

Runciman, W.G., Maynard Smith, J., and Dunbar, R.I.M. *Evolution of Social Behaviour Patterns in Primates and Man* (British Academy, 1996)

Schulz, Kathryn *Being Wrong: Adventures in the Margin of Error: The Meaning of Error in an Age of Certainty* (Portobello Books Ltd, 2011)

Schyns, B., and Sanders, K. *'In the Eyes of the Beholder: Personality and the Perception of Leadership.'* Journal of Applied Social Psychology 2007; 37(10):2345–63.

Stangor, Charles (ed) *Stereotypes and Prejudice: Essential Readings* (Routledge, 2000)

Stewart, Ian, and Joines, Vann T A *Today: A New Introduction to Transactional Analysis* (Lifespace Publishing, 2012)

Sunstein, Cass R., and Hastie, Reid *Wiser: Getting Beyond Groupthink to Make Groups Smarter*

(Harvard Business Review Press, 2014)

Tsvetkov, Yanko *Atlas of Prejudice: The Complete Stereotype Map Collection* (Alphadesigner, 2017)

Uvnäs-Moberg, Kerstin *Oxytocin: The Biological Guide To Motherhood* (Praeclarus Press, 2016)

Vedantam, Shankar *The Hidden Brain: How Our Unconscious Minds Elect Presidents, Control Markets, Wage Wars, and Save Our Lives* (Spiegel & Grau, 2010)

Weinschenk, Susan *How to Get People to Do Stuff: Master the art and science of persuasion and motivation* (New Riders, 2013)

Wezowski, Kasia, and Wezowski, Patryk *The Micro Expressions Book for Business* (New Vision, 2012)

Widiger, Thomas A. (ed) *The Oxford Handbook of the Five Factor Model* (Oxford University Press, 2017)

Wiggins, Jerry S *The Five-Factor Model Of Personality: The Theoretical Perspectives* (Guildford Press, 1996)

Willis, J., and Toderov, A. *'Making Up Your Mind After a 100-Ms Exposure to a Face.' Psychological Science* 2006; 17(7):592–98.

Winnicott, D.W. *The Family and Individual Development* (Routledge, 2006)

后 记

世界上70多亿人，每个人都有自己的志向、欲望、过往和观点。然而，我们都有着相似的身体，有着相似的需求，以相似的方式进化以感知这个世界。我们有着共同的生理特征，以及由此而产生的心理需求（如对安全和爱的需求），这给了人们一个相互理解的起点。

在本书中，我试图保持我们的生物共性，以便为人类行为的主要模式提供一个草图——很像建筑师的初稿。它强调的是我们相似的方面，而不是强调个体差异。

然而，了解人类的共性并不一定能帮助你在特定时间理解某个特定的人。有些时候，他人的行为可能会让你感到困惑、失望或惊讶。当这种情况发生时，我们自然而然地想要四处寻找对别人行为的解释——任何解释都行。我们渴望了解他人，首先是因为人作为社会动物需要预测别人接下来会做什么，而处于对他人一无所知的状态则着实令人不安。因此，我们会寻找当下流行的任何精神病学诊断——"焦虑症""躁郁症"——并把它们套用在我们不赞成或不理解的人的身上。一旦我们这样做了，我们就注定只能看到这个人身上符合我们对他们的看法的那些部分。

这不是理解他人，而是给他人贴标签。给人们贴标签的做法不但不能帮助你理解他人，反而会常常遮盖他人心中的真实想法。

因此，我要提醒大家不要对一个人的行为——尤其是奇怪的、一次性的行为，进行过多的解读。请记住，一个人在商务会议上表现出来的行为可能与他们在聚会上的行为完全不同，除非你见识过他们在许多不同情况下的样子，并注意到了他们的行为模式，否则你无法真正了解他们。因此，当你结识新的人时，试着用不确定的态度多观察

我们渴望了解对方，首先是因为人作为社会动物需要预测别人接下来会做什么，而处于对他人一无所知的状态则着实令人不安。

一下他的行为，而不要急着给他下定论。

也请记住，有一个非常简单的了解他人的方法：询问。很多人都有"透明幻觉"——认为自己的想法、感觉和意图对别人来说是非常清楚的，仅仅是因为别人认识他们（或以为别人了解自己）。人们可能会很惊讶地发现，其他人对自己的看法相当错误，如果有机会的话，人们会非常乐意向他人解释自己。

还要记住，适用于其他人的东西也同样适用于你。因此，如果你想在个人层面上读懂别人，确保你也要把自己"写"清楚，让他们也能读懂你。

自我提升系列图书

《慢享时光》

ISBN：978-7-5046-9633-5

《识人的智慧》

ISBN：978-7-5046-9627-4

推荐阅读